안녕하세요
정광열입니다

안녕하세요
정광열입니다

대한민국 육군 대위, 삼성전자 부사장
강원특별자치도 경제부지사로서의 도전과 열정
그가 꿈꾸는 우리 모두를 위한 내일

인 쇄	2025년 09월 20일 초판1쇄
지은이	정광열
편집인	허선영
디자인	THE-D
펴낸이	허선영
펴낸곳	아이퍼블릭스
주 소	서울특별시 강남구 강남대로 584 6층
전 화	02)3446-7279
팩 스	02)3446-6366
이메일	scene1839@gmail.com

등록 2009년 05월 28일   등록번호 251002009000144

이 책은 저작권법에 따라 보호받는 저작물이므로
무단 전재와 복제를 금합니다. 이 책 내용의 전부 또는 일부를 사용하려면 반드시 저작권자와 ㈜아이퍼블릭스의 서면 동의를 얻어야 합니다.

잘못 만들어진 책은 구입하신 곳에서 바꾸어드립니다.
값은 뒤표지에 있습니다.

안녕하세요
정광열입니다

정광열 지음

iPUBLICS

들어가며

안녕하세요, 정광열입니다.

어린 시절 제 기억 속 춘천은 늘 호수와 산, 그리고 사람들의 따뜻한 마음으로 가득 차 있었습니다. 봄이면 의암호 위로 피어오르던 안개를 바라보며 등교길을 걸었고, 겨울이면 얼어붙은 강 위에서 놀다 저녁 시간에 맞춰 집으로 돌아오곤 했습니다. 그때는 몰랐습니다. 제가 누렸던 이 일상과 풍경이 훗날 제 삶을 이끄는 힘이 되고, 다시 돌아와 지켜야 할 약속이 되리라는 것을 말입니다.

젊은 시절 저는 고향을 떠나 세상 속으로 나아갔습니다. 글로벌 기업에서 일하며 산업과 혁신의 최전선에서 치열한 시간을 보냈습니다. 새로운 기술과 시장의 변화를 배우며, 경쟁과 협업 속에서 리더십을 익혔습니다. 그 과정에서 제가 얻은 가장 큰 깨달음은, 도시와 사회를 변화시키는 힘은 언제나 사람에게서 나온다는 사실이었습니다. 그러나 마음 한편에는 늘 고향 춘천이 있었습니다. '내가 배운 것을 언젠가 고향을 위해 활용하고 싶다'는 다짐이 제 내면 깊이 자리 잡고 있었습니다.

그 다짐을 품고 다시 강원도로 돌아왔습니다. 경제부지사라는 공직을 맡아 도정을 살피고, 지역 현안을 해결하기 위해 밤낮없이 뛰었습니다. 지역의 새로운 가능성을 발견하는 과정은 도전이자 배움이었습니다. 물론 쉽지 않은 순간도 많았습니다. 하지만 시민과 함께라면 길은 열리고, 답은 찾아진다는 것을 다시 한번 확인할 수 있었습니다.

지금, 우리가 살고 있는 시대는 과거와는 전혀 다른 차원의 도전을 우리에게 던지고 있습니다. 인구 감소, 기후 위기, 산업 구조 변화, 그리고 도시 간 경쟁은 하나의 해법만으로는 풀 수 없는 거대한 과제들입니다. 이제는 단순한 해결책이 아니라, 서로 다른 영역을 연결하는 새로운 발상과 복합적인 솔루션이 필요합니다. 행정만으로는 부족하고, 기업의 힘만으로도 한계가 있으며, 시민 개인의 노력만으로도 불가능합니다. 우리는 함께 질문을 던지고, 함께 지혜를 모으며, 함께 답을 찾아야 합니다.

들어가며

　이 책은 저의 지난 삶을 기록하는 단순한 회고록이 아닙니다. 저는 이 책을 통해 '춘천은 어떤 도시가 될 수 있을까?' '우리는 어떤 미래를 함께 꿈꿀 수 있을까?'라는 질문을 던지고자 합니다. 경험과 생각을 담아 저 나름의 답을 제시하겠지만, 그것은 완성된 답이 아닙니다. 진짜 답은 여러분과 함께 토론하고, 실천하고, 만들어가는 과정에서 나올 것이라 믿습니다.

　《안녕하세요 정광열입니다》라는 제목은 단순한 인사가 아닙니다. 시민 한 분, 한 분께 다가가 제 이야기를 시작하고, 또 여러분의 이야기를 듣고 싶다는 다짐입니다. 책 속에는 고향에 대한 저의 애정과 추억, 세상 속에서의 도전과 배움, 다시 강원도로 돌아와 경험한 성과와 고민이 담겨 있습니다. 그리고 무엇보다, 지금 시대가 요구하는 복합적이고 창의적인 해법을 춘천의 미래와 연결하고 싶다는 제 비전이 담겨 있습니다.

지금 우리에게 필요한 것은 끊임없이 질문을 던지고, 함께 답을 찾아가는 과정이라고 믿습니다. 그리고 이제 저는 그 새로운 도전을 막 시작하려 합니다. 곧 더 많은 자리에서 시민 여러분과 만나 대화를 나누고, 다양한 목소리를 경청하며, 함께 답을 찾아가는 여정을 이어갈 것입니다.

그 과정에서 얻은 깨달음과 결과물은 언젠가 또 한 권의 책으로 이어질지도 모릅니다. 지금 이 책이 인사의 시작이라면, 앞으로의 책은 시민과 함께 만들어가는 대화록이자 공동의 기록이 될 것입니다. 〈안녕하세요 정광열입니다〉는 끝이 아니라 시작이며, 열린 약속입니다.

이 책을 통해 여러분께 인사드리며, 우리 도시 춘천의 내일을 시민과 함께 묻고 답하고, 그리고 그 대화의 결과를 또 다른 미래로 이어가고 싶습니다.

차례

안녕하세요, 정광열입니다 ········· 4

1 춘천에서 자라 세계를 경험하다 ········· 12

북한강 앞에 펼쳐진 마을, 내 삶의 시작점 ········· 15

대한민국 육군 장교가 되어 리더의 길을 고민하다 ········· 19

또 다른 전장, 글로벌 비즈니스에서 승리하기 위해 ········· 23

다시 고향으로, 반드시 성공해야 하는 새로운 도전 ········· 29

변하지 않은 것들, 그리고 변해야 하는 것들 ········· 33

2 강원특별자치도 경제부지사 ········· 38
그 자랑스러운 이름으로 느끼고, 배우고, 살고

남과 똑같이 해서는 이길 수 없다 ········· 41

수도권으로부터의 심리적 거리를 극복하는 법 ········· 45

강원도 청년, 글로벌 비즈니스를 꿈꾸다 ······ 49

효율이 아니어도 충분히 더 빛나는 투자 ······ 53

끝없는 기다림 앞에서, 전할 수밖에 없던 위로 ······ 57

CES 2025 강원관, 보여주기 행정 VS 로컬기업 글로벌 도약 ······ 61

'백년기업' 광고는 무엇이 부족했나 ······ 65

기업과 근로자를 위한 '일자리 안심공제' ······ 69

강원도 청소년 음주율 전국 1위에 관심을 ······ 73

낯선 결재 문화와의 만남 ······ 77

중년의 자존심 레이스, 2등으로 배운 인생 수업 ······ 81

3 AI, 방위산업, 미래가치 산업을 향해 ······ 84
비전으로 한계를 뛰어넘다

강원도에 기회가 오고 있다 ······ 87

강원, 반도체산업의 새로운 중심으로 도약하다 ······ 91

강원, 대한민국 방위산업 핵심 거점으로 도약할 때 ······ 95

강원국방벤처센터 유치, 성장동력이 될 것 ·········· 101
마침내, 국방벤처센터 설립 ·········· 105
뚫자! 영월-제천 고속도로 ·········· 111
석탄 산업의 중심에서 첨단 광물 자원의 보고로 ·········· 115
문화유산, 과거와 미래를 잇는 다리 ·········· 119
강원도 영상산업, 글로벌 허브를 꿈꾸다 ·········· 125
지속가능한 성장을 위한 필수요소, 디지털 은행 ·········· 129

4 춘천의 미래를 위한 질문들 ·········· 134

춘천의 미래를 위한 '세 개의 열쇠' ·········· 137
춘천 원도심과 행정복합타운, 상생을 위한 '플러스적 사고' ·········· 143
"기업 유치"라는 기대 ·········· 147
춘천의 VFX 산업 유치는 긴 시각으로 ·········· 153
산업단지, 도시 외곽에만 있어야 할까? ·········· 159
강원연구개발특구 지정 신청과 우리의 과제 ·········· 163

민관군 상생발전은 주거안정 사업부터 출발해야 ·················· 169

청주에는 있고 춘천에는 없는 것 ································· 175

춘천 화동2571, 지역 경제 활성화의 마중물이 될 수 있을까? ······ 179

보는 호수에서 경험하는 호수로 ··································· 183

하중도의 미래를 생각해 봅니다 ··································· 187

5 정광열의 1분 컷 ·· 190

도시 발전은 긴 호흡으로 ··· 193

춘천 신동 소나무밭에서 ··· 194

의암호, 함께 지켜야 할 우리의 보물 ··························· 195

전통시장에서 얻은 배움 ··· 196

춘천, 사람이 살고 싶은 도시로 ································· 197

1

춘천에서 자라 세계를 경험하다

제목처럼, 독자 여러분에게 인사를 드리고자 책을 쓰게 되었으니
쑥스럽지만 제 살아온 이야기를 전해드리려 합니다. 저는 예전에는
춘성군이라고 불렸던 신북면에서 나고 자랐습니다. 신동초등학교를
나왔고요. 춘천고등학교를 졸업하며 육군사관학교에 진학하기 위해
고향을 떠났습니다. 장교로 복무하기도 하고, 기업에서 임원으로
대한민국 경제 성장이라는 치열한 현장에서 전세계를 상대로
무한경쟁을 벌이기도 했습니다.

감사하게도 강원도의 경제부지사라는 직책으로 일하게 될 기회를 갖게
되어 저는 고향으로 다시 돌아왔습니다. 후회도 있지만 최선을 다했던
만큼 우리 고향과 우리 모두를 위한 내일을 꿈꾸며, 저를 소개합니다.

북한강 앞에 펼쳐진 마을, 내 삶의 시작점 / 1-1

저의 뿌리는 춘천에 있지만, 정확히 말하면 지금의 춘천시가 아니라 옛 춘성군 신북면 신동리 926번지였습니다. 제가 태어나고 자란 그곳은 마을 앞길이 비포장이어서 차가 한 번 지나가면 흙먼지가 뽀얗게 일어났습니다. 대중교통도 드물어 시내에서 농구대회 같은 행사가 있으면 군인 아저씨들이 트럭에 학생들을 태우고 응원하러 함께 가 주시곤 했습니다.

어린 마음을 채워준 넓은 들 위의 구름

마을 사람들은 농사를 주로 지었고, 늘 새참이 있었습니다. 가을이면 벼를 베고 논이 마르기 전, 삽을 들고 나가 미꾸라지를 잡기도 했습니다. 논두렁에서 개구리를 잡고, 여름이면 마을 앞의 북한강에서 수영을 즐기며 놀았습니다. 몸이 추워지면 강가의 돌 위에 누워 햇볕에 몸을 데우다가 다시 물로 뛰어드는 단순하지만 행복한 순간들이 지금도 제 마음속에 선명하게 남아 있습니다.

그러나 제 소년 시절은 늘 순탄하지만은 않았습니다. 큰 병을 앓아 거의 1년을 누워 지낸 적도 있었습니다. 어린 나이에 오랫동안 자리를 지켜야 한다는 것은 쉽지 않은 일이었습니다. 그때 부모님께서 책을 사 주셔서 저는 독서 속에서 세상을 만났습니다. 책장을 넘기며 집 없는 소년이 되어 어머니를 찾아 산 넘고 물을 건너기도 했고, 소공녀가 되어 희망과 좌절을 함께 겪기도 했습니다. 책의 마지막 장을 덮을 때마다 다시 현실로 돌아와야 하는 것이 안타까울 정도로, 그 시절 저는 책 속 세계에 깊이 빠져들었습니다.

고향은 소년의 꿈을 키워주고

제 꿈은 과학자였습니다. 지금은 과학자를 꿈꾸는 아이들이 많지 않지만, 당시에는 과학자가 가장 멋진 직업처럼 보였습니다. 위인전을 읽으며 "나도 나라를 위해 큰일을 해야겠다"는 다짐을 하곤 했습니다. 하지만 곧 그쪽으로 특별한 소질이 없다는 사실을 알게 되었습니다.

초등학교 시절 저는 '선생님의 아들'로 불렸습니다. 아버지가 교사이셨기 때문입니다. 공부도 곧잘 했기에 '시골에서 공부 좀 하는 아이'로 기억되었을 것입니다. 친구들과는 다투기도 하고, 미워하는 친구도, 좋아하는 친구도 있었습니다.

그 시절 저는 늘 아버지를 의식했습니다. 아버지는 마을의 교사이자 존경받는 분이셨습니다. 제가 잘못 행동하면 아버지께 누가 될까 두려웠습니다. 장남이라는 책임감도 있었습니다. 착해서 착한 것이 아니라, 아버지를 실망시키고 싶지 않았기 때문이었습니다.

가장 약한 아이도 품어주었던 고향의 기억

건강은 늘 약점이었습니다. 두 번 크게 앓으면서 몸쓰기에는 약했고, 늘 체중이 표준에 미달했습니다. 철봉이나 윗몸 일으키기를 하지 못하는 약한 아이였습니다. 초등학교 입학 전에는 철봉에 매달리고 뛰어다니는 씩씩한 아이였는데, 2학년 때 신장염을 앓고 난 뒤로는 운동장을 가로지르기도 힘들 정도로 몸이 약해졌습니다. 그러나 사춘기를 지나면서 몸은 회복되었고, 그제야 운동도 곧잘 하게 되었습니다.

음악은 저를 지탱해 준 또 다른 축이었습니다. 중학교 때 합창부 활동을 했고, 훗날 육군사관학교에 들어가서는 군가를 힘차게 불렀습니다. 머리를 맞대고 목청껏 노래하던 순간들 속에서 저는 소속감을 느끼고, 제 안의 또 다른 힘을 발견했습니다.

이렇듯 저의 소년 시절은 흙먼지 날리던 시골 마을과 병상 위의 독서, 꿈과 좌절, 그리고 음악과 우정의 이야기로 채워져 있습니다. 그것은 단순한 추억이 아니라, 지금의 저를 만든 토대이자 평생 지켜야 할 기억입니다.

대한민국 육군 장교가 되어 리더의 길을 고민하다 / 1-2

제가 육군사관학교를 선택하게 된 것은 반은 우연이고 반은 필연이었던 것 같습니다. 집의 방 하나를 세놓았는데, 그곳에 들어오신 분이 육사를 졸업한 대위 분이셨습니다. 주인집 아들이라는 이유로 그분께 여러 이야기를 듣게 되었고, "남자라면 서울대가 아니라 육사에 가야 한다"는 말씀을 자주 하셨습니다. 당시 그분의 모습이 무척 멋있어 보였습니다.

혹독했던 화랑대에서의 4년

그 시절 우리 사회는 지금처럼 직업의 선택지가 다양하지 않았습니다. 서울대에 진학한다 하더라도 대부분 회사원이 되어 영업이나 재무, 관리 같은 일을 하게 될 것이라 생각했습니다. 솔직히 그 길이 저에게 크게 매력적이지는 않았습니다. 그렇다면 조금은 더 멋있게, 의미 있게 살아보자고 마음먹었습니다. (육군사관학교가 아니었다면 서울대를 갔을 실력이라는 이야기는 아닙니다.)

문제는 세 곳의 사관학교 중에 어느 곳을 선택할지였습니다. 해군사관학교는 배를 타야 하니 제 성향과는 맞지 않았습니다. 공군사관학교는 매력적이었지만 제가 과연 파일럿의 시력을 감당할 수 있을지 걱정이 되었습니다. 결국 당시 가장 영향력이 크던 육군사관학교를 선택하게 되었습니다.

화랑대에서의 생활은 꿈을 향한 도전이라고 표현할 수도 있겠지만, 사실 하루하루가 너무나 힘들었습니다. 집을 떠나본 적이 없던 제가 처음으로 가족과 떨어져 혹독한 훈련을 받으니 울기도 많이 울고, 그만두고 싶다는 생각도 수없이 했습니다. 그러나 그만둘 수는 없었습니다. 다시 학업으로 돌아가야 한다는 부담이 있었기 때문입니다. 그래서 "몸으로 버티는 것이 공부하는 것보다 낫다"는 생각으로 하루, 한 학기, 일년을 버텼습니다. 버티다 보니 어느 순간 익숙해지고, 군 생활이 조금씩 좋아지기 시작했습니다.

소년에서 어른으로, 그리고 리더로서 거듭남

이제 돌이켜보면, 그 시절은 저를 어른으로 만들어준 시기였습니다. 물론 지금 생각하면 진짜 어른이라고 할 수 없지만, 당시에는 그렇게 느꼈습니다. 졸업을 앞두고 저는 늘 고민했습니다. 초급 장교로 나가면 소대원들을 체력적·정신적으로 압도할 수 있는 위치에 있어야 한다는 부담감이 있었습니다. 그래서 운동도, 공부도, 리더십 훈련도 모두 열심히 해야 한다는 강박 속에 4년을 보냈습니다. 제 동기들도 대부분 같은 마음이었을 것입니다.

하지만 막상 소대장으로 부임해 보니, 그곳은 완전히 달랐습니다. 병사들은 출신 배경도, 살아온 길도 모두 달랐습니다. 육사라는 동질적인 집단 안에서 통했던 리더십이 더 이상 통하지 않았습니다. 시행착오가 많았습니다. 그 과정에서 "리더십이란 무엇인가? 사람의 마음을 얻는다는 것은 어떤 것인가?"라는 질문을 스스로에게 끊임없이 던졌습니다. 때로는 후회할 만한 실수도 했습니다.

동기들 가운데는 소대장 역할을 잘해내는 친구들도 있었습니다. 특히 학군단 출신 장교들은 병사들과 더 빠르게 소통했습니다. 그 간극을 보며 희생과 양보가 필요한 리더십의 본질을 조금씩 깨달았습니다. 그 과정이 저에게는 고통이었지만 동시에 수련이었습니다.

20대 중반까지의 저는 늘 불안했습니다. 미래가 어떻게 될지 알 수 없었기 때문입니다. 그러나 돌이켜보니 그 시절의 고생과 시행착오가 지금의 저를 만들었습니다. 만약 그때의 저 자신에게 조언을 해 줄 수 있다면 이렇게 말하고 싶습니다.

"열심히 살아라. 그럼 좋은 날이 올 것이다. 그러나 인생에는 좋은 일만 있는 것은 아니다. 어려움도 함께 온다. 각오하고 살아라."
그것이 육사 시절이 저에게 가르쳐 준 가장 큰 교훈이었습니다.

또 다른 전장, 글로벌 비즈니스에서 승리하기 위해 / 1-3

군 생활은 즐겁고 보람도 있는 시간이었습니다. 하지만 중대장이 되고 나니 군인의 본질적인 임무 외에도 소위 말하는 사회적 관계, 내부 정치와 같은 부분들이 보이기 시작했습니다. 지금의 군대는 기계화되고 국제적 수준의 선진군으로 변모했지만, 그 당시 군대는 아직 좁은 울타리 안에 있었습니다. 우리 사회가 급속히 발전하던 때였기에 저는 스스로에게 질문을 던졌습니다.

대한민국 육군 대위가 삼성맨이 되기까지

"국가에서 많은 지원을 받아 교육을 받고 여기까지 왔는데, 나 혼자 편히 살겠다고 민간으로 나가는 것이 과연 올바른 선택일까?"

그 갈등은 약 2년간 이어졌습니다. 그러나 생각이 깊어질수록 깨닫게 된 것이 있었습니다. 국가가 발전할수록 군사적 힘만이 아니라 경제적 힘 역시 못지않게 중요해지고 있었습니다. 전쟁이 일어나지 않는다면, 앞으로의 전장은 결국 경제 영역일 것이라는 판단이었습니다. 그렇다면 새로운 도전의 장은 경제이며, 더 넓은 무대에서 국가에 기여할 수 있는 길이 있을 것이라 믿었습니다. 그렇게 저는 5년간의 군 생활을 마치고 제대를 결심했습니다.

제대를 앞두고 여러 기업들에서 제안이 있었습니다. 당시 대우, LG, 현대 등에서 과장급 조건으로 채용하겠다는 제안도 받았습니다. 실제로 그렇게 진로를 택한 동기들도 있었습니다. 하지만 저는 삼성으로 향했습니다. 선택의 이유는 단순했습니다. 삼성은 당시 지금만큼의 위상을 지닌 기업은 아니었지만, 출신 학교나 지역과 같은 배경보다는 능력으로 인정받을 수 있는 조직이라는 믿음이 있었습니다. 저는 더 경쟁적인 환경에서 제 역량을 시험해 보고 싶었습니다.

삼성그룹 비서실에서의 10년, 그리고 임원이라는 책임감

삼성 입사 후, 제 목표는 상사 부문에서 일하는 것이었습니다. 그곳이 가장 치열하고 글로벌하게 활동할 수 있는 자리였기 때문입니다. 그러나 신입사원 배치를 앞두고 그룹 차원의 면접과 희망 부서 지원을 했을 때, 저는 1·2·3지망 모두를 물산으로 적었습니다. 오히려 너무 욕심을 드러낸 탓이었을까요. 결과적으로 저는 중공업

부문으로 배치되었습니다. 거제도 조선소로 가야 했지만, 당시 개인 사정상 서울을 떠날 수 없었기에 건설 부문에서 영업 업무를 맡게 되었습니다.

처음 맡은 일은 말 그대로 수련 과정이었습니다. 계약서에 도장을 받아오기 위해 지방 현장을 다니고, 손님이 오시면 구두를 닦아 드리고 커피를 타 드리는 일까지 했습니다. 저는 그것을 낮게 보지 않았습니다. 사관학교 시절 1학년 때 변기를 손으로 닦던 경험과 다르지 않다고 생각했습니다. 지나간 경력에 안주하지 않고, 스스로를 리셋하는 과정이라고 받아들였습니다.

이후 저는 삼성그룹 비서실(이후 미래전략실로 전환)에서 인터넷 관련 업무를 맡게 되었습니다. 마침 우리 사회에 인터넷이 막 들어오기 시작하던 시기였고, 저는 사관학교 시절 컴퓨터사이언스를 전공했기에 조금이나마 기반이 있었습니다. 운 좋게도 그 기회가 받아들여져 비서실에서 2년 반을 근무했고, 이후 정식 비서실로 자리를 옮겨 10년이 넘는 시간을 보냈습니다.

임원이 되었을 때의 책임감은 상상 이상이었습니다. 자부심도 있었지만, 그만큼 스트레스도 컸습니다. 해외 홍보 업무를 맡았을 때는 더욱 그랬습니다. 해외 유학 경험도 없고, 영어가 완벽하지 않은 제가 미국이나 유럽에서 내로라하는 전문가들과 함께 일해야 했습니다. 훨씬 능력이 뛰어난 동료들 사이에서 스스로 부족함을 절감하기도 했습니다. 그러나 그 과정이야말로 제게 가장 값진 배움이었습니다.

무한경쟁, 경제 전쟁에서 거둔 승리의 경험

삼성에서의 세월 동안 저는 한국 기업의 위상이 변하는 모습을 직접 경험했습니다. 라스베이거스에서 열리는 CES에 처음 갔을 때, 우리 기업의 부스는 구석에 작게 자리하고 있었습니다. 앞줄은 늘 일본 기업들이 차지했습니다. 하지만 십여 년이 지나며, 우리 기업들이 가장 중앙에 위치하고 일본 기업들이 구석으로 밀려나는 것을, 그 변화의 과정을 지켜보고 만드는데 작은 역할이라도 함께 했습니다.

처음 신입사원 시절 일본 제품은 우리보다 두 배나 작고 두 배나 좋다는 이야기를 들으며 좌절했던 기억이 있습니다. 그런 이야기를 들으며 '우리는 언제 일본을 따라잡을 수 있냐'고 질문하자 그 분은 '그런 날은 오지 않는다'고 대답하기도 했습니다. 그러나 우리는 그런 날을 기어코 만들어냈습니다. 독일과 미국의 젊은 전문가들이 삼성전자 제품 홍보를 위해 함께 일하는 현장을 지켜보고 있으면 그야말로 가슴이 벅찼습니다.

군에서의 경험과 삼성에서의 경험은 제 인생에서 서로 다른 전장이었지만, 공통된 가르침을 주었습니다. 끊임없이 배우고, 버티고, 새로운 도전에 스스로를 던져야 한다는 것입니다. 그리고 그 과정에서 느낀 자부심은 오늘날에도 제 삶을 지탱하는 소중한 자산이 되었습니다.

다시 고향으로, / 1-4
반드시 성공해야 하는 새로운 도전

삼성에서의 커리어가 어느 정도 정점에 이르렀을 때, 저는 선택의 기로에 섰습니다. 2~3년 더 일할 수는 있었지만 그것이 제 발전에 큰 도움이 될 것 같지는 않았습니다. 그 무렵 강원도에서 경제부지사직을 제안받았습니다. 행정을 경험해 본 적이 없었기에 걱정이 많았습니다. 고등학교를 졸업하고 고향을 떠나 오랫동안 기업에서만 일하다가 다시 고향으로 돌아와 행정을 맡는다는 것이 쉽지 않은 일이었습니다. 무엇보다 마음을 무겁게 한 것은 만약 실패한다면 그것은 단순히 회사의 한 부서에서의 실패가 아니라, 고향 분들에게 실망을 드리는 일이 될 수 있다는 걱정 때문이었습니다.

배워야 할 것이 너무도 많았던 첫 1년

초반의 마음가짐은 단순했습니다. "망치지 말자." 삼성에서 임원 생활을 처음 시작했을 때와 비슷했습니다. 하루하루가 투쟁 같았고, 때로는 살얼음판 위를 걷는 듯한 기분이었습니다. 업무도 사람도 낯설었기에 천지 분간이 안 되는 나날의 연속이었습니다. 그렇게 1년을 버티고 나니 조금씩 길이 보이기 시작했습니다. 사람들의 얼굴이 구분되었고, 행정 업무의 사이클을 이해하기 시작했습니다. 조례와 절차가 왜 생겨났는지 조금씩 맥락이 보이면서 개선의 여지도 파악할 수 있었습니다. 그때부터는 제 목소리를 조금씩 낼 수 있겠다는 자신감도 생겼습니다.

강원도의 미래: AI, 방위산업 그리고 벤처 펀드

부지사로서 가장 자랑스럽게 생각하는 것은 강원도가 관광이나 농업에 머무르는 것이 아니라, 산업과 제조, 서비스업을 기반으로 새로운 포지셔닝을 할 수 있도록 노력한 점입니다. 물론 도지사님의 큰 구상이 있었지만, 저는 그 호흡에 맞추어 경제부지사로서 역할을 충실히 다할 수 있었습니다.

또 하나는 펀드 결성의 경험입니다. 강원도는 수도권과 가까우면서도 자원이 풍부합니다. 그러나 자본 시장과 제도의 측면에서는 여전히 미흡한 점이 많았습니다. 작은 규모지만 펀드를 결성하고 자본을 조성할 수 있었던 것은 나름 의미 있는 시도였다고 생각합니다. 이

것은 시작에 불과하며 앞으로 더 큰 과제를 남겨둔 일입니다.

방위 산업에 대한 새로운 시각도 강조하고 싶습니다. 강원도에는 많은 부대가 주둔하고 있습니다. 오랫동안 부대 때문에 피해만 본다고 생각해 왔지만, 정작 방위 산업의 혜택은 다른 지역이 누려 왔습니다. 저는 생각을 전환해 강원도야말로 방위 산업을 주력 산업으로 삼을 수 있다고 주창했습니다. 이 역시 의미 있는 시도였다고 자부합니다.

돌이켜보면 경제부지사로서의 시간은 도전이자 성장의 과정이었습니다. 매일 같이 뛰고 고민하고 위기도 있었지만, 결과적으로는 성과도 있었습니다. 무엇보다 고향 분들에게 조금이나마 보탬이 되는 역할을 할 수 있었다는 점이 가장 값집니다. 덤으로 저 스스로도 성장할 수 있었습니다.

뜻밖에도 강원도청 노동조합에서 전 간부들을 대상으로 실시한 평가에서 '베스트 간부'로 선정되는 영광도 있었습니다. 사실 저는 부지사도 그 평가 대상에 포함되는 줄 몰랐습니다. 만약 미리 알았다면 부담스러워서 더 위축되었을지도 모릅니다. 결과적으로 시민과 직원들께 인정받을 수 있었던 것은 감사할 따름입니다.

변하지 않은 것들, 그리고 변해야 하는 것들 / 1-5

춘천중학교 앞을 지나다 깜짝 놀란 적이 있습니다. 제가 다닐 때는 남중이었는데, 어느새 공학으로 바뀌어 여학생들이 교문으로 들어가는 모습을 본 것입니다. 도시의 모습도 많이 달라졌습니다. 고층 아파트가 들어서며 규모가 커진 모습은 분명 변화였습니다.

그러나 변하지 않은 것도 있었습니다. 춘천을 감싸고 있는 고즈넉한 분위기입니다. 좋게 보면 아늑하지만, 나쁘게 보면 별다른 변화가 없는 듯한 느낌입니다. 중앙시장은 여전히 그 자리에 있고, 뒷골목 마산집은 사라졌지만 시장의 공기와 분위기는 그대로였습니다.

가능성만큼 발전하기 위한 조건

젊을 때는 몰랐습니다. 춘천에서 고등학교까지 다닐 때는 도시라는 곳이 다 비슷한 줄 알았습니다. 그러나 군 생활과 기업 생활을 통해 전국과 세계의 도시들을 경험하면서 깨달았습니다. 도시마다 환경이 다르고 개성이 다르다는 것을 말입니다. 그 비교 속에서 춘천은 충분히 잘할 수 있는 도시인데도 현실에서는 그만큼 도약하지 못하고 있다는 점이 안타까웠습니다.

마치 시속 200km로 달릴 수 있는 자동차가 50km로만 달리고 있는 듯한 느낌이었습니다. 춘천은 예산 의존도가 높은 도시입니다. 기업 중심의 경제 활동이 부족하고, 그로 인해 경제 환경이 풍부하지 못합니다. 예산은 공평하게 쓰여야 하지만, 기업은 집중 투자를 통해 성장합니다. 이 차이 때문에 기업이 성장하기 어려운 구조입니다. 결국 해법은 민간 자본과 훌륭한 인재들을 춘천으로 끌어오는 데 있다고 생각합니다.

행정과 기업 사이에서 배운 균형

기업인으로만 살던 제가 행정을 경험하면서 새롭게 배운 것이 있습니다. 대한민국의 행정조직이 사회 곳곳을 받쳐주고 있다는 사실입니다. 공무원들이 퇴근만 기다린다는 편견은 틀렸습니다. 행정은 사회 안전망을 유지하고 약자를 보살피며 국가를 안전하게 지탱하는 큰 힘이었습니다.

그렇다고 행정이 기업처럼 변해야 한다는 것도 아닙니다. 행정은 본래의 기능을 지키면서도 더 나은 기회를 만들고, 우수한 자원과 사람을 불러들이는 역할을 강화해야 합니다. 한쪽에만 치우치면 안 됩니다. 행정만 강조하면 발전이 더뎌지고, 기업만 강조하면 소외되는 이들이 늘어납니다. 균형이 중요합니다. 춘천은 특히 외부의 도움을 이끌어내고, 매력적인 도시로 변화하려는 노력이 절실합니다.

매력적인 도시, 정주할 수 있는 도시

매력적인 도시는 단순히 관광객이 찾는 도시가 아닙니다. 시민들이 살고 싶은 도시, 정주할 수 있는 도시여야 합니다. 이는 결코 쉽지 않은 일입니다. 쉬운 일이었다면 진작 이루어졌을 것입니다. 그러나 어렵다고 포기할 수는 없습니다.

저는 큰 조직에서 늘 느꼈습니다. 혼자서는 어떤 일도 할 수 없다는 것을요. 제 비전이 아무리 크더라도 많은 분들이 공감하고 힘을 모아주지 않으면 불가능합니다. 그래서 저는 항상 뜻을 모으는 일부터 시작하려 합니다. 방향을 정할 때도 혼자서, 혹은 소수의 의견으로만 결정하지 않겠습니다. 열린 대화와 소통을 통해 많은 분들이 공감할 수 있는 길을 찾고자 합니다. 조금은 더디더라도, 더 많은 이들이 함께 만족할 수 있는 방식이 중요하다고 생각합니다.

변하지 않는 본질

제 인생에는 여러 번의 변화가 있었습니다. 기업인으로, 행정인으로, 또 다른 역할을 맡아 왔습니다. 그러나 저라는 사람의 본질은 크게 변하지 않았습니다. 저는 머리가 뛰어난 사람은 아니었습니다. 아버지께서도 늘 말씀하셨습니다. "머리가 좋은 편은 아니다. 다만 성실하고 꾸준하다."

저는 항상 주어진 순간에 최선을 다하고자 했습니다. 그 결과가 제 경력의 변화를 만들었지만, 지금도 그 연장선 위에 있습니다. 제가 우리 고향 춘천을 위해 할 수 있는 역할을 찾고자 하는 것, 그것이 저의 본모습이라고 생각합니다.

앞으로도 성실과 노력으로 제 길을 걸어가겠습니다. 그리고 언젠가 저 자신도, 다른 이들도 저를 두고 이렇게 말해 주었으면 합니다.

"그 사람은 참 성실하고 꾸준했던 사람이었다."

2

강원특별자치도 경제부지사
그 자랑스러운 이름으로 느끼고, 배우고, 살고

지난 2022년 저는 강원특별자치도 경제부지사로 부임했습니다.
고등학교 졸업과 함께 떠난 고향에 다시 돌아오며 자랑스러움보다는
걱정이 앞섰습니다. 새로운 세상에 대한 도전이야 제 삶을 관통하는
숙명과도 같지만 이번에는 고향분들에게 폐가 되면 안 된다는
우려가 컸기 때문입니다. 하지만 저는 우리 고향의 미래를 위한
계획을 세우고 실천하며 많은 분들을 만나 느끼고 배우며,
진정 고향에서 살기 시작했습니다.

3년이라는 시간, 짧지만 다양한 현장에서 만난 고민들 그리고 함께
나누고 싶은 저만의 생각을 여러분과 나누고 싶습니다.

남과 똑같이 해서는 이길 수 없다 / 2-1
AI 혁신으로 지역 경쟁력을 확보하자
- Bio산업 x 인공지능

실리콘 밸리의 혁신적인 스타트업 생태계, 텍사스의 기업 친화적인 IT 허브, 보스턴 의료 클러스터의 긴밀한 산학협력, 그리고 에스토니아의 성공적인 디지털 전환 사례들은 모두 각자의 강점을 활용해 세계적인 성공을 이끌어냈습니다. 이들 사례가 보여주듯, 이제는 남들과 똑같은 방식으로는 경쟁에서 이길 수 없는 시대가 도래했습니다. 강원도 역시 고유의 강점을 파악하고, 이를 기반으로 한 차별화된 전략을 통해 지역 발전을 도모해야 합니다.

시대의 변화, IT 산업의 중심축이 AI로 이동하다
오늘날 IT 산업의 중심축은 인공지능(AI)으로 빠르게 이동하고 있습니다. AI 발전의 핵심은 데이터와 컴퓨팅 파워입니다. 방대한 데이터를 얼마나 효율적으로 처리하고, 이를 안정적이고 강력한 연산 능력으로 뒷받침하느냐가 승부를 가르는 결정적인 요소가 되었습니다. 예를 들어, 강원도의 핵심 산업 중 하나인 관광 분야에 AI를 접목하기 위해서는 실시간으로 엄청난 방문자 데이터를 분석하고, 이를 바탕으로 맞춤형 서비스를 제안할 수 있는 안정적인 컴퓨팅 인프라가 필수적입니다. 이러한 토대가 마련될 때 비로소 신속한 의사결정과 창의적인 솔루션 제시가 가능해집니다.

강원도의 미래, 데이터와 컴퓨팅 파워 선점

강원도, 그리고 춘천의 강점은 무엇일까요? 세계적인 수준의 대학, 풍부한 자본, 혁신적인 분위기를 다른 지역보다 월등하다고 자신 있게 말하기는 어렵습니다. 그렇기에 강원도는 AI에 집중 투자하여 다른 지자체보다 한발 앞서 나가야 합니다. 단순히 AI를 활용하는 것을 넘어, 강원도를 찾는 중소기업들이 충분한 AI 파워를 할당받아 원하는 기술을 AI로 개발할 수 있도록 지원해야 합니다.

이를 위해서는 데이터 확보가 무엇보다 중요합니다. 현재 강원도가 보유한 데이터만으로는 AI 활용에 턱없이 부족합니다. 농수산업, 관광, 교통, 복지, 의료 등 도민의 일상생활 속에서 발생하는 데이터를 AI가 활용할 수 있는 방식으로 체계적으로 수집하고 저장해야 합니다. 이렇게 축적된 양질의 데이터를 강원도를 찾아오는 기업들이 마음껏 활용할 수 있도록 개방하는 것이 중요합니다.

단 1년이라도 먼저 시작하는 '혁신'

만약 강원도가 다른 지자체보다 단 1년이라도 더 일찍 AI를 잘 활용할 수 있는 풍부한 데이터와 컴퓨팅 파워를 제공할 수 있다면, AI를 통해 비즈니스를 혁신하고자 하는 기업들을 강원도로 끌어들이는 경쟁에서 압도적인 선두를 차지할 수 있을 것입니다.

이제는 남들이 다 하는 것을 하면서 남들보다 잘 하기를 기대하기 어려운 시기입니다. 남들이 미처 시도하지 못하는 것, 바로 데이터와 컴퓨팅 파워 선점에 강원도의 미래가 달려 있습니다. 강원도만의 차별화된 AI 전략을 통해 혁신적인 지역 발전을 위해 더 치열하게 노력하겠습니다.

수도권으로부터의 심리적 거리를 극복하는 법 / 2-2

기업은 어떻게 해결했나?
삼성전자 성공사례에서 배우다

2025년 2월24일, 김진태 강원도지사는 강원도와 수도권 간의 '심리적 거리'를 좁히기 위한 노력을 강화하겠다고 발표했습니다. 이는 물리적 거리를 넘어 사람들의 인식을 변화시키는 것이 지역 발전의 중요한 열쇠임을 시사합니다. 필자는 이 문제에 대한 해답을 과거 삼성전자에서 경험했던 수원 디지털시티와 평택 반도체 단지의 성공 사례에서 찾고자 합니다.

삼성의 수원 이전, 심리적 장벽을 허물다

2015년, 삼성전자는 서울 서초사옥의 주요 기능을 수원으로 이전하기로 결정했습니다. 당시 서울 근무 직원들은 출퇴근 시간 증가, 생활

환경 변화 등에 대한 불안감을 느꼈습니다. 수원이 IT 기업 중심지가 아니었기에 편의시설 부족에 대한 우려도 컸습니다.

하지만 삼성은 이러한 심리적 거부감을 해소하기 위해 적극적으로 나섰습니다. 수원 지역의 주거 및 편의시설을 확충하고, 교통 편의성을 높이기 위한 다양한 지원을 제공했습니다. 그 결과, 현재 수원 디지털시티는 약 3만 명의 임직원이 근무하는 삼성전자의 핵심 거점이 되었습니다.

평택 반도체 단지, 불가능을 가능으로 만들다

평택에 대규모 반도체 공장을 설립할 때도 비슷한 상황이었습니다. 평택은 서울에 비해 상대적으로 개발이 덜 된 지역이었기에, 직원들은 새로운 근무지로 이동하는 것에 대해 심리적 거부감을 느꼈습니다.

이를 극복하기 위해 삼성전자는 수서역에서 평택까지의 이동 시간을 측정하여 사내 방송을 통해 공유하는 등, 평택이 실제로 가깝다는 인식을 심어주기 위한 다양한 노력을 기울였습니다. 이러한 노력과 함께 평택 지역 내 주거, 교육, 교통 인프라를 확충하는 데 집중했습니다. 그 결과, 평택은 이제 세계적으로 유명한 반도체 단지로 자리매김했습니다.

삼성전자의 두 사례는 '공간적인 거리는 변하지 않더라도, 사람들의 인식이 바뀌면 심리적 거리는 줄어들 수 있다'는 중요한 교훈을 줍니다. 강원도의 교통 인프라는 지속적으로 개선되고 있습니다. 춘천, 홍천, 횡성, 원주 등 강원도 서부 도시들은 서울과 실제 거리보다 더 가깝게 느껴질 만큼 교통망이 확충되고 있습니다.

하지만 이것만으로는 부족합니다. 삼성전자의 성공 사례에서 보았듯이, 교통망 개선을 기본으로 하되, 주거, 교육, 교통까지 동시에 갖추는 노력이 필수적입니다. 이러한 노력을 통해 강원도의 매력을 적극적으로 알리고, 물리적·심리적 장벽을 낮춘다면 강원도는 수도권의 중요한 경제 중심지로서의 위치를 차지하며 더 큰 도약을 이룰 수 있을 것입니다.

2-3 강원도 청년, 글로벌 비즈니스를 꿈꾸다

우리의 젊은 강원 청년에게 무한한 도전의 기회를 줍시다

하루하루 나름 바쁜 일정 속에서도 강원대학교에서 열린 〈수출마케팅 우수사례 발표대회〉에 다녀왔습니다. 이 대회를 소개하기에 앞서, 먼저 이 대회에 관심을 갖게 된 계기를 말씀드리고 싶습니다.

지역특화 청년무역전문가들의 눈부신 활약

이 대회는 2007년부터 시작된 '지역특화 청년무역전문가 양성사업(GTEP)'의 일환으로, 올해는 제18기 학생들이 참여하여 그동안의 성과를 공유하는 자리였습니다. 강원대학교 경영대학 비전홀에서 열린 이 행사에 다양한 분야의 전문가와 학생들이 모여 열띤 발표와 토론을 이어갔습니다.

수출마케팅 우수사례 발표대회는 도내 대학생들이 무역 실무와 해외 마케팅에 대한 경험을 쌓을 수 있는 소중한 기회입니다. 올해는 8개 팀이 협약 기업과 함께한 수출마케팅 활동을 발표했으며, 그 과정에서 온·오프라인 마케팅, 시장 조사, 수출 기업화 전략 등 실질적인 성과를 보여주었습니다. 발표를 들으며 이 학생들이 젊은 나이에 얼마나 도전적인 경험을 쌓고 있는지 실감할 수 있었습니다. 저희 세대에서는 상상도 못했을 일을 이들이 해내고 있는 모습을 보니 부러움과 감탄이 동시에 밀려왔습니다.

세계를 꿈꾸던 그 시절과의 격차를 느끼며

이제부터 제가 왜 이 대회에 관심이 많은지에 대한 이야기를 들려드리겠습니다. 제가 군대를 떠날 때 꿈꾸었던 것은 국제적인 비즈니스맨이 되는 것이었습니다. 그때 저는 대한민국의 미래가 경제에 달려있다고 믿었고, 경제 전쟁의 최전선에서 역할을 하고 싶었습니다. 그래서 사랑했던 군대를 떠날 수 있었죠. 서울의 고급 호텔에서 외국인들이 커피를 마시며 영자 신문을 읽는 모습을 보며 나도 그렇게 되고 싶다고 다짐했던 어린 시절도 떠올랐습니다.

어린 시절의 바람처럼 삼성 입사 3년 후부터 주로 미국, 일본과 같은 선진국으로 해외 출장을 다니기 시작했습니다. 당시에는 인천공항 등장 이전의 시절이기에 출장을 다녀오면 김포공항으로 돌아와야 했습니다.

김포공항 착륙을 위해 비행기가 낮게 비행할 때의 풍경은 출장을 위해 방문했던 나라들의 풍경과 너무나 달랐습니다. 마치 컬러 TV를 보다가 흑백으로 전환되는 듯한 느낌이었습니다. 더구나 공항 밖으로 나가면 화장실 냄새가 풍기기도 했습니다. 올림픽대로를 통해 서울로 진입할 즈음에는 쓰레기들이 산을 이루고 있었는데, 지금은 올림픽공원이 된 난지도였습니다.

태어난 조국보다 더 나은 대한민국에서 살고 싶다는 열망은 저뿐만 아니라 우리 세대 모두의 공통된 마음이었을 것입니다. 그래서 학생들에게 세계를 무대로 성장할 수 있는 실질적인 기회를 제공하는 이런 프로그램에 관심이 더 가는 것 같습니다.

강원의 청년에게 무한한 응원을

지역특화 청년무역전문가 양성사업(GTEP)은 단순히 이론 교육에 그치지 않고, 학생들에게 실제 무역 환경에서 활동할 기회를 제공합니다. 올해만 해도 국내외 전시회 26회에 참가하며 도내 기업들의 수출을 돕는 실질적인 성과를 냈습니다. 이런 프로그램이 우리 세대에도 있었다면 얼마나 좋았을까요?

앞으로도 이런 젊은 인재들의 열정과 노력이 결실을 맺기를 진심으로 응원하며, 지역과 국가를 넘어 글로벌 시장에서도 빛나는 인재로 성장하기를 바랍니다. 학생들이 도전과 실패를 경험하며 성장하는 모습을 보며, 이 프로그램이 앞으로도 지속적으로 발전하길 기대합니다.

효율이 아니어도 충분히 더 빛나는 투자

2-4

경제 전문가가 장애인 체육대회에서 발견한 삶의 가치

지난 금요일(2024년 10월 25일)과 토요일, 저는 장애인 체육대회에 다녀왔습니다. 매년 열리는 이 대회에 어느덧 세 번째로 참석하게 되었는데, 해마다 새롭고 다양한 느낌을 받으며 우리의 삶을 다른 관점에서 돌아보게 됩니다.

경제적 가치 너머의 발견

경제 분야에서 30년 넘게 일하다 보니, 저는 경쟁과 효율, 수익성을 중시하는 환경에 익숙해져 있습니다. 경제는 주로 성과와 수익성이라는 지표로 평가되기에, 자연스럽게 이러한 요소들을 중요하게 느끼죠. 그런데 장애인 체육대회 같은 행사에 참여하며, 진정 중요한 가치가 무엇인지에 대해 다시 생각하게 됩니다. 단지 경제적 성과나 물질적인 가치에만 국한되지 않는, 더 큰 의미가 있음을 느끼게 된 것이죠.

많은 사람이 경제적 성취를 통해 더 나은 삶을 꿈꾸지만, 사실 그것은 삶의 한 부분일 뿐입니다. 경제적 성취는 행복을 위한 하나의 수단일 수 있지만, 오직 나만의 성취만으로 홀로 행복해질 수는 없습니다. 사회 시스템이 불안정하거나 주변이 불행하다면 그 행복은 완전하지 않기 때문입니다.

동남아 어떤 국가에서의 경험이 떠오릅니다. 그곳에서 수조 원에 이르는 재산을 가진 지역 유지의 초대를 받은 적이 있습니다. 그의 집은 넓은 정원과 풀장, 별채와 와인 셀러까지 갖추어져 있었고, 최고급 독일산 차도 있었죠. 그러나 그 집을 조금만 벗어 나면 포장이 제대로 안 된 울퉁불퉁한 도로가 펼쳐졌고, 파티가 제 아무리 화려하다 한들 그 지역의 오염된 공기 속에서 열렸습니다. 결국, 행복의 많은 부분은 주변 환경의 영향을 받는다는 것입니다.

공동체와 함께하는 삶의 태도

우리가 진정 추구해야 할 가치는 함께 살아가며 서로를 이해하고 배려하는 삶의 태도가 아닐까 싶습니다. 장애인 체육 활동이 그 좋은 예라고 생각합니다. 경제적 성과나 수익성을 중시하는 입장과는 거리가 있겠지만, 오히려 이 차이가 장애인 체육의 가치를 더 빛나게 합니다. 장애인 체육 활동은 참여자들에게 자신감을 주고, 사회적 통합을 촉진하며, 사람들 간의 이해와 존중을 넓히는 데 기여합니다. 이러한 활동이 개인의 신체적 활동을 넘어서는 큰 의미를 가지는 이유가 바로 여기에 있다고 생각합니다.

사회적 통합을 향한 길

엘리트 스포츠 분야 못지 않게 장애인 체육 같은 분야에 더 많은 재정적 지원과 관심이 필요하다고 봅니다. 물론 엘리트 스포츠에서 많은 메달을 따는 것도 중요하지만, 장애인 체육을 통해 더 많은 사람이 자신을 발견하고, 기쁨과 즐거움을 느끼는 것도 큰 가치가 있습니다. 장애를 가진 분들이 자신감을 갖고 사회에 참여하게 되면, 모두가 함께 더 나은 사회를 만드는 데 기여할 것입니다. 사회적 통합과 포용은 장애인 체육 활동을 통해 더욱 강화될 수 있으며, 우리 사회 전체의 복지와 발전에 큰 영향을 미칩니다. 장애인 체육이야말로 우리 사회가 나아가야 할 방향을 제시하는 소중한 활동이라고 생각합니다. 그러므로 장애인 체육 활동의 가치는 단순히 메달 수나 경기 성과로 평가할 수 없습니다.

장애인 체육 활동을 통해 우리 사회가 더 포용적이고 건강한 방향으로 나아가길 바랍니다. '장애인 체육을 통한 사회 발전'이라는 구호 아래, 앞으로도 더 많은 사람들이 함께 나아가길 기대합니다. 이 활동이 우리 사회를 더 나은 곳으로 만드는 데 큰 힘이 될 것이라 믿습니다

끝없는 기다림 앞에서, 전할 수밖에 없던 위로 / 2-5

<강원 이북도민 합동 망향제>에 다녀와서

 가을 햇살이 밝게 빛나던 지난 11월 2일, 춘천안보회관 옆 통일염원탑이 자리한 작은 동산에서 열린 <강원 이북도민 합동 망향제>에 다녀왔습니다. 그곳에 모인 이들의 발걸음은 결코 가볍지 않았습니다

 행사장에 도착하자마자 지팡이에 의지한 채 천천히 걸음을 옮기시는 고령의 어르신들과 그분들의 2세로 보이는 분들이 눈에 띄었습니다. 북한이탈주민들로 보이는 분들도 일부 참석하셨는데, 모두 합쳐 50여 명 남짓의 인원이었습니다. 북한 사투리가 섞인 목소리가 들려올 때마다 마치 시간이 멈춘 듯한 기분이 들었고, 낯설면서도 익숙한 말투는 분단의 현실을 다시금 실감하게 했습니다.

깊은 그리움에 어떤 위로를 건넬 수 있을까

생각해 보니 올해가 6·25 전쟁이 끝난 지 정확히 71주년이 되는 해입니다. 망향제에 모이신 분들은 전쟁과 이별의 깊은 상흔을 온몸으로 짊어지고 살아온 분들이었습니다. 당시의 비통함과 상실감은 세대를 거쳐 유전처럼 이어지고 있는 듯했습니다.

식순에 따라 애국가를 부르며 맑은 가을 하늘 아래 펄럭이는 태극기를 바라보았습니다. 공직자로서 순서에 따라 불렀던 것이지만, '무궁화 삼천리 화려강산'이라는 가사가 가슴을 저미게 했습니다.

이날 저는 내빈 소개에 이어 격려사를 하게 되었습니다. 행사 진행표에는 '격려사'로 적혀 있었지만, 마이크 앞에 서자 '격려'라는 단어가 어울리지 않는다는 생각이 들었습니다. '감히 이분들을 격려할 자격이 나에게 있는가' 하는 고민이 앞섰기 때문입니다. 그래서 저는 그저 위로의 마음을 담아 진심을 전했습니다. 오래된 상처를 조금이라도 어루만질 수 있는 말을 하고 싶었고, 통일이 이루어지지 않은 현실에 대한 안타까움과 함께 고향을 그리워하며 살아가는 그분들과 공감하고 싶었습니다. 두고 온 일가친척을 다시 만날 수 있을 때까지 건강하시길, 그 소망이 이루어질 날을 함께 기다려 주시기를 간절히 부탁드렸습니다.

현실적으로 통일이라는 꿈이 쉽게 이루어지지 않으리라는 것을 저도, 그분들도 잘 알고 있습니다. 하지만 그럼에도 불구하고 서로 희망의 끈을 놓지 않겠다는 다짐은 그날 망향제를 가득 채운 간절함 그 자체였습니다.

CES 2025 강원관, 보여주기 행정 VS 로컬기업 글로벌 도약

2-6

지역 기업의 글로벌 도약을 위한 전략적 선택인가?

세계 최대 전자·IT 박람회인 CES 2025에 강원도가 처음으로 독자적인 '강원관'을 개설했습니다. 과연 이는 단순한 보여주기식 행정일까요, 아니면 지역 기업들의 글로벌 시장 진출을 위한 중요한 발판이 될 기회일까요?

지역 기업의 글로벌 진출을 위한 중요한 발판

이번 CES에서 한국은 혁신상 수상작 중 40% 이상을 차지하며 혁신적인 스타트업 기업들의 뛰어난 활약을 전세계에 보여주었습니다. 강원도 역시 이러한 잠재력을 지닌 스타트업 기업들을 보유하고 있으며, 이들이 글로벌 무대에서 활약할 수 있도록 돕는 것은 지방자치단체의 중요한 역할입니다.

대기업은 자체적인 벤처 육성 프로그램이나 코트라(KOTRA)와 같은 기관의 지원을 받을 수 있지만, 지역 기반의 작은 기업들은 이러한 기회를 얻기 어렵습니다. 따라서 지자체가 직접 예산을 투입하여 CES와 같은 국제박람회 참여를 지원하는 것은 지역 기업들이 해외 시장에서 기회를 잡을 수 있는 효과적인 방법입니다.

실제로 이번 강원관에 참가한 기업들은 해외 바이어 미팅, 기술 교류, 투자 유치 등 다양한 사업 기회를 얻으며 긍정적인 성과를 거두었습니다. 특히 신생 기업에게는 CES 참가 비용이 큰 부담이 될 수 있는데, 강원관이라는 공동 전시 공간은 이러한 부담을 덜어주고 비슷한 분야의 기업들이 모여 시너지를 창출할 수 있는 환경을 제공했습니다.

성과와 함께 남은 과제들

물론 이번 강원관 운영에서 개선해야 할 점도 있었습니다. 강원도청, 강원테크노파크, 원주시 등 여러 기관이 각자 관을 만들어 총 21개 기업이 참가했는데, 분산된 운영은 효율성을 저해하는 요소였습니다. 또한, 원주 외 다른 시·군의 CES 참가에 대한 이해와 공감대가 부족하여 춘천은 3개, 강릉은 1개 기업만이 참가하는 등 지역별 참여 편차가 있었습니다.

전시관 디자인과 공간 운영 측면에서도 보완할 부분이 있었습니다. 강원도는 이러한 문제점을 인식하고 내년 CES에서는 강원관을 통합 운영하여 규모와 내실을 강화할 계획입니다. 이는 지역 기업들이 더욱 큰 시너지 효과를 낼 수 있도록 도울 것으로 기대됩니다.

지자체의 해외 박람회 참가, 왜 중요한가?

지방자치단체가 해외 박람회에 참가하는 이유는 명확합니다. 지역의 혁신 기업들이 글로벌 무대에서 경쟁력을 키우고, 해외 시장으로 진출할 수 있는 기회를 제공하는 것입니다. 이는 단순히 전시 부스를 설치하는 것을 넘어, 지역 경제의 미래 성장 동력을 확보하기 위한 전략적인 투자입니다.

일각에서 제기하는 '보여주기식 행정'이라는 비판은 지자체의 역할과 그 성과를 충분히 이해하지 못한 시각일 수 있습니다. 물론 예산이 투입되는 만큼 철저한 기획, 운영, 사후 관리가 필요하지만, 이번 강원관 사례처럼 지역 기업들이 실제로 글로벌 시장과 연결되는 성과가 있다면 충분한 가치가 있는 투자라고 할 수 있습니다.

강원도는 이번 CES 참가를 통해 얻은 경험을 바탕으로 앞으로 더욱 체계적이고 전략적인 지원을 통해 지역 기업들이 글로벌 시장에서 활약할 수 있도록 노력할 것입니다. 내년 CES에서 더욱 발전한 강원관을 기대해봅니다.

'백년기업' 광고는 무엇이 부족했나 / 2-7
기획 의도와 최종 결과물이 일치하지 않았다면?

강원특별자치도는 2003년부터 매년 '백년기업'과 '유망중소기업'을 선정하여 지역 경제의 성장을 이끄는 기업들을 응원하고 있습니다. '백년기업'은 업력 20년 이상, 상시 고용 인원 10인 이상의 기업을, '유망중소기업'은 업력 2년 이상, 상시 고용 인원 5인 이상의 기업을 대상으로 합니다. 이 제도의 취지는 강원 경제를 선도하는 기업들을 발굴하고 격려하는 데 있습니다.

기업을 알리려는 광고 제작 그리고 아쉬움

그러나 현실적인 재정 지원에 한계가 있다 보니, 선정 기업들의 홍보와 인지도를 높이는 방안이 더욱 중요해졌습니다. 이러한 노력의 일환으로 지난 2024년 11월 18일, 신문 1면에 광고가 게재되었습니다. 다만, 이번 광고를 보며 아쉬운 점이 남습니다. 선정된 기업들의 이름을 널리 알리고 자부심을 느낄 수 있도록 하려면, 기업의 이름과 로고가 더 명확하게 부각되었어야 합니다. 하지만 광고는 '2024'라는 큰 숫자와 과도한 여백이 강조되어 기업의 존재감이 희미해졌습니다. 검은 바탕에 금색 글씨로 고급스러움을 의도했지만, 가독성이 떨어져 중요한 정보가 눈에 잘 띄지 않는다는 단점도 있었습니다. 축하 문구 역시 "강원 경제를 만들어가는 자랑스러운 기업들"과 같이, 수상 기업의 자긍심과 성취의 의미를 더 깊이 담았으면 하는 바람입니다.

기업의 가치를 높이는 광고로 만들었어야

광고가 수상 기업들을 위한 것이라는 본래의 취지를 고려할 때, 기획 의도와 최종 결과물 사이의 간극을 좁힐 필요가 있다고 생각합니다. 앞으로는 광고 제작 과정에서 기업의 이름과 로고를 더욱 크게 강조하고, 수상 기업들이 강원도를 대표하는 주체로서의 자부심을 느낄 수 있도록 개선해 나가야 할 것입니다. 이는 단순히 디자인의 문제를 넘어, 기업들에게 강원 경제의 중요한 동반자로서의 가치를 부여하는 의미 있는 작업이 될 것입니다.

아마도 통상적인 업무 전결 관행에 따른 결과일 수 있으나, 이번 광고안을 제가 사전에 볼 기회는 없었습니다. 업무의 효율성을 위해 현업 부서의 판단과 의사결정이 중요함을 충분히 이해합니다. 하지만, 그럴수록 담당자들은 자신이 모든 책임을 진다는 마음으로 더욱 깊이 고민해야 합니다. 기안부터 선정, 결과, 그리고 홍보에 이르는 모든 과정에서 제도의 본래 취지를 살리기 위한 집중과 노력이 우리 모두에게 필요한 덕목일 것입니다.

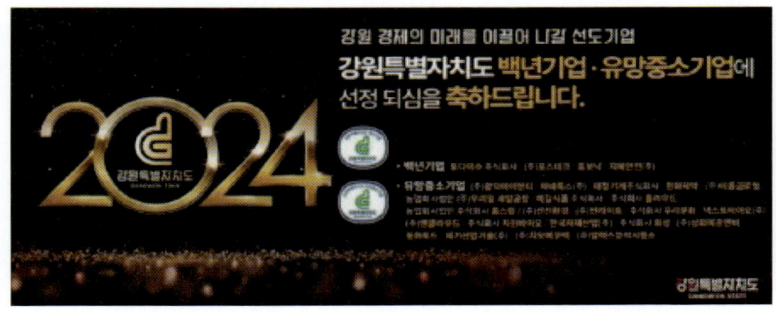

기업과 근로자를 위한 '일자리 안심공제' / 2-8

두 마리 토끼를 잡기 위한 이 제도는 과연 모두에게 '안심'일까?

일자리 안심공제 제도는 근로자의 고용 안정과 기업의 인력 유지를 동시에 지원하는 정책입니다. 예를 들어, 근로자와 기업이 각각 월 15만 원을 적립하고 지방자치단체가 매달 20만 원을 추가로 지원하는 방식으로, 총 50만 원씩 적립됩니다. 이 제도를 통해 근로자는 5년간 900만 원을 투자하여 3,000만 원의 목돈을 마련할 수 있어, 재정적 혜택과 고용 안정이라는 두 가지 목표를 달성할 수 있습니다.

강원도의 경우, 5년간 약 4,200여 개 기업과 1만여 명의 근로자가 참여했습니다. 그 결과, 3,347명이 약 1,000억 원의 공제금을 수령하는 성과를 거두었습니다. 이는 일자리 안심공제가 고용 안정에 긍정적인 영향을 미치고 있음을 간접적으로 보여 줍니다.

장점 뒤에 가려진 제도적 과제들

이러한 긍정적인 성과에도 불구하고, 일자리 안심공제는 몇가지 해결해야 할 과제를 안고 있습니다.

○ 효과 측정의 어려움

제도가 실제로 고용 안정과 인재 유출 방지에 얼마나 기여하는지 객관적으로 측정하기 어렵다는 점입니다. 마치 마케팅 활동이 상품 매출에 미치는 직접적인 인과관계를 밝히는 것만큼이나 복잡하고 어려운 과제입니다.

○ 지속 가능한 재정 부담

근로자 1인당 5년간 약 1,200만 원(월 20만 원 × 12개월 × 5년)의 재정 지원이 이루어집니다. 따라서 가입자가 많아질수록 지자체의 재정적 압박이 커지게 되며, 장기적으로 지속 가능한 예산 편성에 대한 고민이 필요합니다. 가입자 1만 명에게는 총 1,200억 원이라는 막대한 예산이 투입되는 것입니다.

○ 제도 악용 가능성

일부 기업이 제도를 악용할 소지가 있습니다. 급여 명세서에는 기업 지원 적립금으로 표시되더라도, 처음부터 급여를 낮게 책정한 뒤 15만 원을 지원하는 방식으로 제도를 활용한다면 제도의 본래 취지가 퇴색될 수 있습니다. 특히 신입 사원이나 연봉 수준이 명확히 정해지지 않은 직원의 경우 악용될 소지가 더욱 큽니다. 이 경우 실질적인 개인 부담은 1,800만 원(월 30만 원 × 12개월 × 5년)으로 두 배 증가하는 결과를 초래합니다.

○ 기업 간 공정성 문제

자금 사정이 어려운 기업은 안심공제에 가입하지 못해, 가입한 기업에 비해 인건비 보조를 받지 못하는 불이익을 겪게 됩니다. 이는 상대적으로 자금력이 풍부한 기업에 유리하고, 영세한 기업에는 불리하게 작용하는 결과를 낳아 공정성 문제를 야기할 수 있습니다.

○ 고용 유연성 저해

기업 입장에서는 인력 감축이 필요한 상황이 발생했을 때, 안심공제 가입 여부가 고용 조정의 걸림돌이 될 수 있습니다. 이로 인해 가입 근로자에게 불이익이 돌아갈 가능성도 존재합니다.

지속 가능한 발전을 위하여

일자리 안심공제는 근로자와 기업 모두에게 긍정적인 효과를 줄 수 있는 제도로 시작되었지만, 운영 및 관리 방식에 따라서는 부작용이 발생할 수 있습니다. 제도의 본래 취지를 살리고 지속 가능성을 확보하기 위해서는 관리에 많은 노력을 들이지 않으면서도 객관적으로 성과를 측정할 수 있는 방식으로 개선이 필요합니다.

2-9 강원도 청소년 음주율 전국 1위에 관심을

우리의 전통적 음주 문화, 이대로 괜찮을까요?

최근 강원도 청소년 음주율이 13.5%로 전국 최고라는 소식, 혹시 접하셨나요? 위험 음주율 또한 6.8%로 전국 평균 4.3%를 크게 웃돌고 있어 우려가 커지고 있습니다. 청소년기의 음주는 신체적, 정신적 발달에 심각한 악영향을 미칠 수 있기에, 강원도 지역사회 전체가 이 문제에 대해 심각성을 인지하고 적극적으로 대처해야 할 때입니다.

전통적 음주 문화에 영향 받는 청소년들

사실 저는 젊은 시절 술을 잘 마시지 못했습니다. 그러나 직장 생활을 통해 술이 대화를 부드럽게 하고 관계의 벽을 허무는 순기능도 있다는 것을 점차 알게 되었죠. 세월이 흐르며 술에 대한 '내공'도 생겨 이제는 친구들과 어울려 술잔을 기울이는 것을 즐기게 되었습니다. 그럼에도 여전히 '술꾼'은 아니어서 혼술은 거의 하지 않습니다.

고향 강원도에서 처음 근무를 시작했을 때, 회식 자리에서 여전히 소주잔을 돌리는 문화를 접하고 놀랐습니다. 서울에서는 점차 사라지는 문화였기에 더욱 낯설게 느껴졌죠. 당시 "코로나를 겪으면서도 우리는 이렇게 마셨습니다"라는 이야기를 들으며, 강원도에 뿌리 깊게 자리 잡은 전통적인 술 문화를 실감할 수 있었습니다. 처음에는 낯설었지만, 이제는 저 또한 이러한 문화에 어울리게 되었죠. 하지만 속으로는 변화에 대한 바람을 여전히 품고 있습니다. (술자리의 여흥을 깰까 봐 강하게 주장하지 못하는 점은 저의 단점이기도 합니다.)

이러한 전통적인 술 문화가 과연 청소년들에게는 어떤 영향을 미칠까요? 강원도에서 나고 자란 아이들은 어른들의 음주 문화를 자연스럽게 접하며 자랄 가능성이 큽니다. 특히 지역 사회의 특성상 음주가 가볍게 여겨질 수 있다는 점이 문제입니다. 우리 세대에게는 고등학교 교복을 입고 중앙시장 골목에서 술국에 소주를 마시던 기억이 '낭만'으로 남아있을지 모릅니다. 하지만 우리가 그랬다고 해서 지금의 청소년들이 같은 길을 가는 것을 그저 방관하는 것이 옳은 행동일까요?

청소년기의 음주는 단순한 일탈을 넘어 학업 능력 저하, 건강 문제, 심지어는 폭력적 행동이나 중독으로 이어질 위험이 높습니다. 성장기에는 작은 선택 하나하나가 평생에 걸쳐 영향을 미칠 수 있기에 더욱 신중해야 합니다.

우리 모두의 노력이 필요한 때

강원도의 청소년들이 건강하게 성장할 수 있는 환경을 만들기 위해서는 지역 사회가 모두 함께 나서야 합니다. 젊은 시절의 '낭만적인' 기억은 추억으로 남겨두고, 소주잔을 돌리는 관습 대신 배려와 존중으로 대화를 이어가는 새로운 음주 문화를 만들어가는 것이 필요합니다. 어른들이 먼저 책임감을 가지고 변화를 시작한다면, 강원도의 아이들에게 더 밝고 건강한 미래를 물려줄 수 있을 것입니다.

낯선 결재 문화와의 만남 / 2-10
이름까지 줄을 세워야 되겠습니까?

삼성에서 29년간 근무하다 고향으로 돌아와 도청에서 새로운 업무를 시작했을 때였습니다. 새로운 환경에 적응하던 어느 날, 종이 문서에 직접 손글씨로 이름을 쓰는 결재를 하게 되었습니다. 과거 기업에서도 종이 결재가 있었지만, 지금은 전자 결재가 보편화된 지 오래라 새삼 반갑고 아련한 기분이 들었습니다.

그런데 그 결재 문서에서 처음 보는 낯선 풍경을 마주했습니다. 결재 칸 아래쪽에 기안자와 중간 결재자들의 이름이 작고 납작하게 쓰여 있었던 것입니다. 심지어 어떤 이름들은 너무 작아서 알아보기가 어려울 정도였습니다. 이름의 크기부터 위치까지, 마치 계단처럼 상사를 향해 고개를 숙이고 있는 것처럼 보였습니다.

'작은 이름'에 숨겨진 의미

처음엔 그저 특이한 습관이라고 생각하고 결재를 진행했습니다. 하지만 이어지는 문서들에도 어김없이 이름들이 바닥에 바짝 붙어 있는 것을 보며, 이것이 개인적인 취향이 아니라 하나의 관행임을 직감했습니다. 그래서 왜 이렇게 이름을 쓰는 지 물어보았더니, "자신의 이름을 작고 낮게 써서 뒤에 결재할 상사에 대한 존경을 표하는 것"이라는 대답이 돌아왔습니다.

이는 마치 결재 시 도장의 크기와 각도를 세밀하게 조정하여 상사에게 인사하듯 머리를 숙이는 일본의 도장 결재 문화와 유사하게 보이는 한국만의 문화처럼 느껴졌습니다. 결재는 본래 책임 소재와 과정을 명확히 하기 위한 중요한 절차입니다. 따라서 이름은 바른 글씨체로 알아보기 쉽게, 그리고 결재 칸의 공간을 충분히 활용하여 기재하는 것이 중요합니다. '작은 이름 문화'는 본래의 목적에 부합하지 않을 뿐만 아니라, 업무 성과와는 무관한 형식주의와 권위주의가 자리잡고 있다는 심각한 문제점을 보여주었습니다.

작은 변화를 위한 노력

이 문제를 어떻게 개선해야 할지 몇주 동안 고민한 끝에 용기를 냈습니다. 결재를 올리는 직원들에게 이름을 작고 낮게 쓰지 말고, 결재 칸 정중앙에 적정한 크기로 또박또박 쓰도록 권유했습니다. 저와 함께 일하는 모든 부서에 이 내용을 공식적으로 여러 차례 강조했습니다.

간단해 보이는 변화였지만, 관행을 바꾸는 데는 생각보다 긴 시간이 걸렸습니다. 지침을 반복적으로 전달하고, 한 달이 지나도 완전히 정착되지 않았을 때도 있었습니다. 특히 인사이동이나 조직 개편이 있을 때마다 기존의 관행으로 돌아가려는 움직임이 보였고, 그때마다 직원들과 대화하며 변화의 방향을 다시 잡아갔습니다.

변화는 계속된다

지금은 대부분의 결재 문서에서 이름이 보기 좋게 정리되어 있습니다. 하지만 업무 문화 깊숙이 자리 잡은 형식주의와 '눈치 문화'는 여전히 해결해야 할 과제로 남아 있습니다. 업무상 필요한 겸손함과 불필요한 형식주의 사이의 균형을 찾는 것은 계속해서 고민해야 할 부분입니다. 강조하지 않으면 다시 예전 방식으로 돌아가려는 모습에서 'Old habits, die hard(오래된 습관은 쉽사리 사라지지 않는다)'라는 영어 속담을 떠올리곤 합니다.

담당자	수출마케팅 팀장	국제통상과장	경제국장	경제부지사

아직 모두 이와 같은 모습은 아닙니다.

2-11 중년의 자존심 레이스, 2등으로 배운 인생 수업

이 모든 환호가
나를 위한 것이 아니었다고?

오랜만에 정형외과를 찾게 된 것은 지난주 금요일 공무원 체육대회 때문이었습니다.

1년에 한 번 강원도의 공무원들이 모여 단합을 다지는 행사였죠. 정규 종목도 아닌 번외 경기로, 직급 있는 분들만 참가하는 계주에 얼떨결에 출전하게 되었습니다. 중년의 자존심을 건 네 팀의 대결은 그렇게 시작되었습니다.

내심 자신감이 있었습니다. 체력 관리를 위해 꾸준히 노력했으며, 잠시였지만 육상부 경력까지 있었으니까요. 오전부터 이리저리 옮겨 다니며 마신 알코올의 양도 꽤 되었지만, 여전히 탄탄한 종아리와 허벅지로 충분히 지탱할 수 있다고 생각했습니다. 그래서 우리 팀의 마지막 주자 자리를 흔쾌히 받아들였습니다.

순간의 방심으로 주인공은 바뀌고

경기가 시작되고 마침내 마지막 주자로 나설 순간이 왔습니다. 우리 팀은 앞서 있었고, 격차가 꽤 된다고 생각한 직전 주자는 천천히 속도를 줄이며 바통을 건네왔습니다. 멋진 자세로 달리기 시작했고, 관객들의 응원하는 얼굴과 환호성이 또렷하게 들렸습니다. 1등으로 들어가는 저를 주인공으로 만들어주는 배경으로 너무나도 완벽했습니다.

결승선이 50미터도 채 남지 않았을 때, 갑자기 뒤에서 주자가 나타났습니다. 순간 머릿속에 '설마?'라는 생각이 스쳤지만, 이미 몸은 반응할 틈도 없이 그의 어깨와 부딪혔습니다. 중심을 잃고 비틀거리며 왼발에 충격이 왔지만, 아슬아슬하게 버텨 넘어지진 않았습니다. 그 대신 속도는 줄어들었고, 그 짧은 순간에 저는 2등으로 결승선을 통과했습니다.

그 모든 환호와 응원은 무서운 속력으로 달려오고 있던 그 주자를 향한 것이었을까요? 뒷 주자가 누구였는지 밝히지는 않겠지만, 저보다 17년이나 젊었다는 점은 강조하고 싶습니다. (끝까지 변명은 놓지 않습니다.)

경기 후, 발등이 점점 붓기 시작했습니다. 바로 걷기 어려울 정도로 통증이 밀려왔죠. 하지만 사실 육체적 고통보다 추월당했다는 정신적 충격이 훨씬 컸습니다. 운동에서 그렇게 노골적으로 패배해 본

적이 거의 없었거든요. 일주일이 지나자 붓기는 어느 정도 가라앉았지만, 아직 달리기는 무리라고 합니다. 의사는 뼈에는 이상이 없지만, 앞으로 두 주 정도는 더 쉬어야 한다고 했습니다.

느낀 점이요?

나이가 들었다는 것, 그리고 아무리 몸 관리를 해도 순발력은 세월과 함께 줄어든다는 것을 완벽하게 잊고 있었다는 겁니다. 노력해도 모든 것이 계획대로 되지는 않는다는 평범한 진리를 다시 깨달았습니다.

    운동을 못한 지 열흘이 지나니 몸이 둔해지고 게을러지는 느낌입니다. 배도 조금 나오고 옆구리 살도 더 커진 것 같고요. 그래도 빨리 정상 컨디션을 회복해서 다시 달리고 싶습니다. 이번에는 이길 생각 같은 것은 없습니다. 그냥 넘어지지 않고 완주하는 것으로도 충분할 것 같습니다. 몸과 마음의 상처는 얻었지만, 덕분에 교훈도 하나 쩐하게 배운 기회였습니다.

3

AI, 방위산업, 미래가치 산업을 향해

비전으로 한계를 뛰어넘다

제가 강원도청에서 일하던 기간 동안 강원도는 특별자치도가 되었으며, 지난 세월 교통과 입지 등 상대적 한계로 여겨져 왔던 틀을 깨고 미래적 가치를 찾기 위한 도전을 멈추지 않았습니다. 저는 경제부지사로서 그 최전방에서 끊임없이 꿈꾸고 때로는 좌절도 하고 결국 함께 승리하는 가슴 벅찬 순간들을 맞이하기도 했습니다.

비전이 있다면 우리의 한계를 장점으로 변환시킬 수 있습니다. 강원도 구석구석, 그리고 산업전반에 대해 치열하게 고민하고 꿈꾸었던 그 시간을 여러분과 나누고 싶습니다.

강원도에 기회가 오고 있다 / 3-1
AI와 데이터센터가 미래를 어떻게 바꿀 수 있을까요?

강원도와 춘천이 AI와 데이터센터를 통해 새로운 기회를 맞이하고 있습니다. 이미 많은 ICT 기업들이 강원도에 자리잡고 있습니다. 하지만 앞으로 더 중요한 것은 핵심 기술 개발과 AI 인프라 구축입니다. 이런 변화는 강원도의 미래를 바꿀 큰 전환점이 될 수 있습니다.

AI, 기술 혁신의 중심에 서다

예를 하나 들어볼까요? 최근 드론 기술이 크게 발전하고 있는데, 여기에도 AI가 중요한 역할을 합니다. 단순히 데이터를 분석하는 것을 넘어 공기역학 분석을 통해 프로펠러를 설계하거나 소음을 줄이는 혁신적인 기술이 AI를 통해 가능해졌습니다.

이처럼 AI는 이제 기술 혁신의 핵심 도구로 자리 잡고 있습니다. 특히 지방 기업들에게는 더욱 큰 기회가 될 수 있죠. 수도권에 집중된 기술 자원을 지방에서도 충분히 활용할 수 있다면, 강원도의 기업들이 더 경쟁력 있는 기술을 선보일 수 있을 겁니다.

현재 우리나라의 AI 지원은 주로 특정 프로젝트 중심으로 이루어지고 있습니다. 하지만 문제는 지방 기업들이 쉽게 활용할 수 있는 AI 인프라가 부족하다는 점입니다. 강원도와 춘천이 주목해야 할 부분이 바로 여기에 있습니다.

국비와 지방비를 활용해 AI 인프라를 구축한다면, 단순히 기술 지원을 넘어 기업들이 타 지역과 차별화된 경쟁력을 갖출 수 있습니다. 이 환경이 잘 마련된다면 강원도에 기업들이 더 많이 찾아올 것이고, 그만큼 경제도 활발해질 겁니다.

국제 정세 변화, 강원도에 기회가 되다

최근 국제 정세에도 주목할 필요가 있습니다. 미국이 동남아시아로의 최신 AI 컴퓨팅 파워 수출을 제한하려는 움직임을 보이고 있는데요. 이런 변화가 강원도에 데이터센터를 유치할 수 있는 기회가 되기 때문입니다.

강원도는 태양광 에너지 등 친환경적인 자연 자원을 잘 활용할 수 있는 장점이 있습니다. 게다가 청정한 환경은 데이터센터를 운영하는 데 큰 강점이 되죠. 이런 기회를 잘 살린다면 강원도는 데이터센터와 AI 산업의 중심지로 자리잡을 수 있습니다.

지금 강원도와 춘천은 AI와 데이터센터를 기반으로 새로운 성장의 길에 서있습니다. AI 인프라를 구축하고 데이터센터를 유치하는 일이 곧 강원도의 미래를 여는 열쇠가 될 것입니다. 강원도의 지역 기업들이 이 기회를 통해 더 크게 성장할 수 있도록, 앞으로도 필요한 지원을 아끼지 않을 계획입니다. 강원도와 춘천이 ICT 산업의 중심지가 되는 그날까지 함께 노력해 봅시다.

강원도의 밝은 미래, 함께 만들어 가겠습니다.

**2024년 12월 16일, 〈강원ICT슈퍼위크〉행사 축사를 요약한 내용입니다.

강원, 반도체산업의 새로운 중심으로 도약하다 / 3-2

강원도 반도체산업의 중앙투자심사 통과를 보면서

강원도가 반도체산업의 불모지에서 핵심 거점으로 떠오르고 있다는 사실, 알고 계셨나요? 강원도는 지난 2년간 반도체산업 기반 구축에 매진하여 괄목할 만한 성과를 이루어냈습니다. 기존에 반도체산업 기반이 전무했음에도 불구하고, 네 가지 핵심 프로젝트에 국비 지원을 확정하며 본격적인 추진을 알렸습니다. 이는 강원도가 단순한 지역경제 활성화를 넘어 국가 반도체산업 경쟁력 강화에 기여할 중요한 발걸음입니다.

강원 반도체산업, 4대 핵심 프로젝트로 날개를 달다.

강원도의 반도체산업 육성 노력은 구체적인 4대 프로젝트로 결실을 맺었습니다. 각 프로젝트는 반도체 산업의 핵심 분야를 아우르며 시너지를 창출할 것으로 기대됩니다.

첫 번째는 반도체 소모품 실증센터(원주 부론산업단지)로 반도체 제조 공정의 필수 요소인 소모품의 품질과 성능을 검증하는 이 센터는 국내 반도체 부품 산업의 경쟁력을 한 단계 높일 것입니다.

두 번째는 의료 AI 반도체 전문인력 양성센터입니다. AI와 반도체 기술을 융합하여 의료기기 및 시스템에 필요한 고성능 반도체 기술을 개발하고, 이를 다룰 전문 인력을 양성합니다. 이는 의료 분야의 혁신을 가속화하고 국내 의료 반도체산업의 성장을 견인할 것입니다.

세 번째 사업은 미래차 반도체 신뢰성 검증센터로, 자율주행차와 전기차의 핵심인 반도체 부품의 안전성과 성능을 철저히 테스트합니다. 이 센터는 자동차 성능에 미치는 반도체의 영향을 평가하고, 관련 기술 개발을 지원하여 미래 모빌리티 산업 발전에 기여합니다.

마지막으로, 반도체 교육센터는 반도체 산업에 필요한 전문 기술 인력을 양성하는 교육 기관입니다. 반도체 설계, 제조, 테스트 등 다양한 분야의 교육을 제공하며 강원도 반도체산업의 핵심 인재 양성 요람이 될 것입니다.

성공적인 국비 확보의 비결 '치밀한 준비와 협력'

강원도는 반도체산업 기반이 미비하여 정부 예산 확보에 어려움이 예상되었음에도 불구하고, 모든 사업이 예비타당성 조사와 중앙투자심사를 통과하는 쾌거를 이루었습니다. 이는 학계, 산업계, 연구소 등 다양한 분야와의 긴밀한 협력을 통해 사업의 타당성과 필요성을 신중하게 검토하고, 철저한 준비 과정을 거쳤기에 가능한 일이었습니다.

강원도의 이러한 노력은 단순히 지역 경제를 활성화하는 것을 넘어, 대한민국 반도체산업의 지도를 새롭게 그리는 중요한 초석이 될 것입니다. 앞으로 강원도가 대한민국 반도체산업의 새로운 허브로 자리매김할 것을 기대하며, 이 모든 성과를 이끌어낸 관계자들의 헌신에 깊은 감사를 드립니다.

3-3 강원, 대한민국 방위산업 핵심 거점으로 도약할 때

방위산업에서 새로운 기회를 모색할 때가 아닐까?

강원도는 오랫동안 대한민국의 군사적 요충지 역할을 해왔습니다. 수많은 군부대와 군인들이 상주하며 국가 안보의 최전선을 지켜왔죠. 하지만 이러한 중요성에도 불구하고, 강원도는 방위산업 측면에서는 상대적으로 소외된 지역이었습니다. 이제는 대한민국 방위산업의 비약적인 성장과 함께, 강원도가 새로운 도약을 준비해야 할 시점입니다

강원도가 방위산업에서 소외되었던 이유

강원도가 군사적 중요성에도 불구하고 방위산업이 발달하지 못한 데에는 몇 가지 복합적인 이유가 있습니다.

◯ **후방 집중 정책**

과거에는 군수물자 생산 및 공급이 전방보다는 안정적인 후방 지역에서 이루어져야 한다는 인식이 강했습니다. 이로 인해 방위산업의 주요 공장과 연구소는 서울, 수도권, 대전 등 후방 지역에 집중되었습니다.

◯ **지역 경제 구조**

강원도 주민들은 방위산업 육성보다는 군 급식 지역 농산물 수의계약이나 군인들의 소비에 의존하는 경제 구조를 유지해 왔습니다. 이는 지역 농가와 상권에 안정적인 수익을 제공했지만, 장기적인 산업 발전을 저해하는 요인이 되기도 했습니다.

◯ **군사보호구역 규제**

접경 지역 특성상 많은 지역이 군사보호구역으로 지정되어 개발이 제한되고 각종 규제가 따랐습니다. 이는 지역 주민들의 민원을 야기했으며, 새로운 산업 유치에도 걸림돌로 작용했습니다.

대한민국 방위산업의 눈부신 성장

최근 10년간 대한민국의 방위산업은 비약적인 성장을 이루었습니다. 과거 전차, 함정, 전투기와 같은 대형 무기 체계 중심에서 벗어나, 이제는 드론, 사이버 보안, 군용 피복 등 다양한 분야로 그 범위를 확장하고 있습니다.

특히, 드론과 같은 무인 체계는 현대 전장에서 인명 피해를 최소

화하고 정밀 타격을 가능하게 하는 핵심 기술로 부상했으며, 대한민국 역시 관련 기술 개발에 적극적으로 나서고 있습니다. 또한, 물리적 전투를 넘어선 사이버 공간에서의 전쟁이 중요해지면서 사이버 보안 기술 역시 방위산업의 핵심 축으로 자리잡았습니다. 대한민국은 전 세계적으로 사이버 보안 기술을 선도하는 국가 중 하나로 평가받고 있습니다.

이러한 성장 덕분에 대한민국 방위산업은 세계 랭킹 상위권에 꾸준히 오르며 그 영향력을 확대하고 있습니다. 대형 무기 수출 뿐만 아니라 드론, 사이버 보안, 개인 장비 등 첨단 분야에서도 빠르게 두각을 나타내고 있죠.

강원도, 방위산업과 연계로 새로운 미래를 열다

이제 강원도는 방위산업의 성장을 지역 발전의 새로운 동력으로 삼아야 할 때입니다. 군사적 중요성을 가진 강원도가 방위 산업과 연계된다면 다음과 같은 긍정적인 효과를 기대할 수 있습니다.

O 지역 경제 활성화

군수 물자 생산 및 첨단 방위산업 관련 공장과 연구소를 유치하여 지역 내 일자리를 창출하고 경제 활력을 불어넣을 수 있습니다. 특히, 드론과 같은 첨단 무기 체계 개발 및 생산에 강원도가 적극적으로 참여한다면 지역 경제에 큰 도움이 될 것입니다.

⭕ 국가 안보 강화

군사적으로 중요한 강원도에 방위산업이 발전하면 군과 민간의 협력을 통해 보다 효과적인 군사 작전 및 지원이 가능해집니다. 이는 대한민국의 군사 안보를 더욱 튼튼하게 만드는 데 기여할 것입니다.

⭕ 산업 다각화

기존 군 급식이나 군인 소비에 의존하던 경제 구조에서 벗어나, 고부가가치 산업인 방위산업을 통해 지역 산업 구조를 다각화하고 미래 성장 동력을 확보할 수 있습니다.

강원도가 방위산업에 관심을 가지고 관련 산업을 적극적으로 육성하는 것은 단순히 경제적 이득을 넘어, 대한민국의 안보를 더욱 강화하고 지속 가능한 지역 발전을 이루는 중요한 기회가 될 것입니다.

강원국방벤처센터 유치, 성장동력이 될 것

3-4

국가를 지켜온 강원도에게 필요한 미래 산업

강원도는 그동안 군부대 주둔으로 인한 불편을 해소하기 위해 다양한 노력을 기울여 왔습니다. 군부대 이전 부지 활용, 훈련 소음 문제, 교통 혼잡 등 민원을 해결하는 동시에, 군납품의 일정 부분을 지역 농수산물 수의계약으로 처리할 수 있도록 요구하기도 했습니다.

전국에서 11번째로 설립되는 센터에 쏟아진 관심

이번에 유치한 강원국방벤처센터는 전국에서 11번째로 설립되는 곳입니다. 이곳은 국방 분야 첨단 기술 개발과 방위산업 시장 진출을 지원하는 핵심 거점이 될 것입니다. 국방기술진흥연구소의 전문성을 바탕으로 강원도 내 중소·벤처기업의 방위산업 진입을 돕고, 기술연구

개발(R&D)과 판로 개척, 군 사업과제 연계 등을 지원할 예정입니다. 특히, '국방혁신 4.0'과 같은 군의 과학화 및 새로운 기술 수요를 선점하는 것을 목표로 하며, 강원도의 주력 산업인 수소와 바이오 산업과의 연계 방안도 적극적으로 검토하고 있습니다.

이 사업과 관련한 설명회는 강원도에 새롭게 들어설 국방벤처센터의 역할과 기업 참여 방안을 소개하는 자리였습니다. 이 설명회에 사전에 신청한 20여 개 기업 외에도 많은 기업이 참석하여 높은 관심을 보였습니다. 방위사업청과 국방기술진흥연구소의 발표 이후 이어진 긴 질의응답 시간은 예정된 2시간을 꽉 채울 만큼 열기가 뜨거웠습니다.

강원도의 미래를 위한 중요한 쾌거

강원국방벤처센터는 2024년 12월초에 개소하여 내년부터 본격적으로 운영될 계획입니다. 저는 경제부지사로 부임한 이후, 강원도가 국방 분야를 보다 미래 지향적인 관점에서 바라볼 수 있도록 노력해왔습니다. 이러한 성과는 강원도의 방위산업 관련 공직자들과 국방 분야에 헌신해 주시는 많은 분들의 노력과 헌신 덕분이라고 생각합니다. 깊이 감사드리며, 앞으로 국방벤처센터가 강원도 기업들에게 새로운 기회를 제공하고 지역 경제 활성화에 크게 기여할 것으로 기대합니다.

마침내, 국방벤처센터 설립 / 3-5
강원도와 군의 동행, '방위산업'이라는 새로운 길을 열다!

2024년 12월 3일, 강원도에 국방벤처센터가 설립되었습니다. 군사시설과 많은 군인들이 주둔하고 있는 강원도는 접경 지역이라는 특수성 때문에 군과 떼어낼 수 없는 관계를 맺어왔습니다. 군의 토지 점유, 항공기 소음, 지역 경제에 대한 기여 등 다양한 이슈들이 늘 존재했지만, 6.25 전쟁의 기억과 상처가 아직도 아물지 않고 있는 땅이기 때문입니다. 강원도와 군은 좋은 일과 나쁜 일을 한 몸처럼 겪으며 오늘날까지 함께해왔습니다.

방위산업 불모지, 새로운 꿈을 꾸다

하지만 강원도에게 방위산업은 오랫동안 불모지와 같았습니다. 전략적으로 주요 군수 시설이 후방에 자리 잡으면서 방위 산업은 한반도 중·남부를 중심으로 발전해왔기 때문입니다. 그러나 시대는 변했고, 안보 환경과 기술, 우리의 역량 또한 달라졌습니다. 이에 강원도도 방위산업이라는 새로운 성장 동력을 확보할 수 있다는 꿈을 꾸게 되었습니다.

맨땅에 헤딩하며 이뤄낸 결실

꿈은 그렇게 꾸었지만, 어디서부터 시작할 것인가는 막막했습니다. 그야말로 맨땅에 헤딩을 하게 된 것이지요. 임시로 경제국 내에 방위산업을 추진할 직원들을 모아서 공부를 시작했습니다. 저도 직원들도 해야 할 공부가 너무 많았습니다. 방위산업에 대한 개념, 우리나라 방위산업 체계, 주요 기관에 대한 파악, 의사결정 절차 등 모든 것이 공부의 대상이 되었습니다. 그동안 방위사업청, 국방과학연구소, 국방기술진흥연구소, 국방기술품질원 등 많은 기관들을 방문했습니다.

그렇게 반년 이상의 시간을 보내면서 지난해 11월에 방위산업협의회를 구성하게 되었습니다. 매달 방위산업 관련 세미나를 강원연구원과 함께 열면서 강원도가 참여할 수 있는 방위산업 분야를 찾아왔습니다. 그리고 국방벤처센터를 강원도에 유치할 것을 추진하게 되었고, 12월 2일에 드디어 그 결실을 보게 된 것입니다.

국방벤처센터 설립, 강원도의 미래를 열다

강원도에 국방벤처센터를 유치한 것은 지역과 국가에 여러 가지 중요한 의미를 가지고 있습니다. 이를 몇 가지 관점에서 살펴볼 수 있습니다.

○ 국방 산업 육성과 지역 경제 활성화

국방벤처센터는 국방 산업을 지역 기반으로 확장하기 위한 중요한 거점 역할을 합니다. 강원도는 접경 지역이라는 특수한 지리적 환경을 가지고 있기 때문에, 국방 관련 기업과 연구개발 활동을 유치하기에 적합한 장소로 평가받아왔습니다. 이 센터는 지역 중소기업들이 국방 관련 기술 개발에 참여할 수 있는 기회를 제공하고, 이를 통해 지역 경제를 활성화하는 데 기여할 것으로 보입니다.

○ 국방 기술의 민간 전환 촉진

국방벤처센터는 방위산업 기술을 민간 기술로 전환하는 데 중요한 역할을 할 것입니다. 군사 기술은 첨단 과학 기술의 집합체로, 이를 민간에 적용하면 스마트 기술, AI, 드론, 로봇 등 다양한 첨단 산업의 발전으로 이어질 수 있습니다. 이런 기술 전환은 강원도를 기술 혁신의 중심지로 탈바꿈시키는 데 기여할 것입니다.

○ 청년 일자리 창출과 인재 육성

강원도에 국방벤처센터가 생김으로써 청년들에게 새로운 일자리 기회가 열릴 것입니다. 특히, 국방기술 개발 및 연구 분야는 고급 기술 인력을 요구하므로, 지역의 대학과 협력하여 인재를 육성하고, 이들이 지역에 정착할 수 있는 기반을 마련하는 계기가 될 것입니다. 매우 다행스럽게도, 강원대학교에는 디지털밀리터리학과가 2년 전에 만들어졌는데, 강원도의 방위산업 발전은 이 학생들에게 많은 기회를 제공하게 될 것입니다.

◯ 국가 안보와 첨단 기술 선도

국방벤처센터는 국가 안보를 강화하는 데도 중요한 역할을 합니다. 강원도는 군사적 전략 지역으로, 국방기술 개발이 이루어지기에 적합한 환경을 가지고 있습니다. 이 센터는 강원도를 첨단 국방기술의 중심지로 자리잡게 하며, 국제적 경쟁에서도 대한민국의 방위산업 경쟁력을 높이는 데 기여할 것입니다.

결론적으로, 강원도에 국방벤처센터가 설립된 것은 국방기술 발전, 지역 경제 활성화, 청년 일자리 창출, 국가 안보 강화 등 다방면에서 긍정적인 영향을 미칠 중요한 결정이라고 할 수 있습니다. 이 센터가 앞으로 강원도의 경제와 기술 발전에 큰 축이 되길 기대합니다.
그리고, 그동안 함께 고민하고 고생해준 우리 강원도청 직원들, 방위산업협의회원님들, 강원대학교 관계자분들, 방위산업관련 기관 여러분들께 감사드립니다.

뚫자! 영월-제천 고속도로 / 3-6
지역민의 열망이 이뤄낸 기적 같은 변화

강원 남부 지역 주민들의 오랜 숙원이었던 영월-제천 고속도로 건설 사업이 재추진되며, 지역 사회에 활력을 불어넣고 있습니다. 석탄 산업 쇠퇴 이후 침체되었던 강원 남부 지역의 경제와 생활 인프라를 근본적으로 개선할 중요한 전환점으로 평가받고 있습니다.

저는 강원도를 대표하여 지역 주민들이 겪는 고통과 불편함을 직접 전달했습니다. 영월, 태백, 정선, 삼척 지역은 '육지 속의 섬'이라고 불릴 만큼 의료, 문화 서비스 등 생활 전반에서 심각한 접근성 문제를 겪고 있습니다. 저는 이 문제가 단순히 교통망 개선을 넘어 주민들의 생존권과 직결된 문제임을 강력히 피력했으며, 지역민들의 절박한 목소리가 담긴 영상도 함께 상영했습니다.

28년 만에 완성된 동서 6축 고속도로의 마지막 퍼즐

이 사업은 2020년 첫 타당성 조사를 통과했으나, 공사비 상승 등으로 인해 잠정 중단되었던 상황입니다. 하지만 이번 재검토를 통해 다시 한번 타당성이 확인되었고, 2025년 착공을 목표로 본격적인 추진 단계에 들어섰습니다. 이는 강원도와 지역 주민들이 함께 이뤄낸 소중한 성과이며, 현장에서 전달된 절박한 목소리가 중요한 역할을 했다고 생각합니다.

영월-제천 구간이 완성되면 필수 의료 시설로의 이동 시간이 크게 단축될 것입니다. 또한, 폐광 지역의 경제 활성화와 관광지 접근성 개선에도 크게 기여할 것입니다. 이 사업은 40년 동안 지역 주민들이 바라온 숙원을 해결하며, 지역 균형 발전과 삶의 질 향상을 동시에 실현할 것으로 기대됩니다.

예비타당성 조사, 지역균형발전이라는 새로운 가치를 담다

그리고, 2025년 1월, 영월-삼척 고속도로의 예비타당성 조사(이하 예타) 통과 소식이 발표되었습니다. 이는 강원도 남부 지역 주민들이 오랫동안 기다려온 희소식이며, 역사적인 의미를 지니는 사건입니다. 영월, 정선, 태백, 삼척 지역 주민들이 간절히 바라왔던 고속도로 개통이 드디어 현실로 한 걸음 더 다가왔습니다.

영월-삼척 고속도로는 경기 평택에서 삼척을 잇는 동서 6축 고속도로의 미개통 구간이었습니다. 한때 대한민국의 핵심 에너지 공급원이었던 영월, 정선, 태백, 삼척 지역은 산업 구조 변화와 함께 쇠퇴의 길을 걸어왔습니다. 고속도로와 같은 핵심 인프라의 부재로 인해, 주민들은 교통, 경제, 교육, 의료 등 다양한 분야에서 상대적 불이익을 겪으며 스스로를 '육지의 섬'이라 표현할 정도였습니다.

그동안 이 지역의 발전을 위해 주로 관광을 중심으로 한 다양한 시도들이 있었지만, 접근성이라는 근본적인 한계에 부딪혀 큰 효과를 보지 못했습니다.

예타는 국가 재정의 효율성을 위해 도입된 제도로, 흔히 B/C(Benefit/Cost) 값으로 투자의 효과성을 측정합니다. 하지만 이러한 경제성 위주의 평가는 인구 밀집도가 낮은 비수도권 지역에 불리하게 작용하는 경우가 많았습니다. 이로 인해 수도권 집중 현상이 심화되고 지역 불균형이 더욱 악화되는 부작용이 발생하기도 했습니다. 그러나 최근에는 지역 균형 발전을 위한 정성적 평가가 중요하게 고려되기 시작했습니다. 주민들의 삶의 질 향상과 균형 발전의 가치가 예타 결과에 반영되면서, 지역의 오랜 숙원사업들이 빛을 보게 된 것입니다. 이번 영월-삼척 고속도로의 예타 통과 역시 이러한 변화를 보여주는 대표적인 사례라 할 수 있습니다.

지역 주민들과 함께한 릴레이 걷기 대회

영월-삼척 고속도로 예타 통과의 가장 큰 원동력은 바로 지역 주민들의 끊임없는 열망과 노력이었습니다. 특히, 고속도로 개통을 염원하며 영월, 정선, 태백, 삼척 주민들이 4박 5일간 릴레이로 걸었던 걷기 대회는 전국에 그들의 간절한 마음을 알리는 중요한 상징이었습니다. 무더운 8월, 소나기가 쏟아지는 악조건 속에서도 참가자들은 묵묵히 길을 걸으며 지역민의 염원을 전했습니다. 저 또한 태백시 구간에 참여하여 그날의 어려움과 뜨거운 열정을 생생히 기억합니다. 당시의 힘든 여정은 이제 보람 있는 추억이 되었고, 예타 통과 소식과 함께 사무실 창가에 있던 걷기 대회 참가 증서를 보며 오랜 기다림의 결실을 기쁘게 받아들였습니다.

이번 예타 통과는 단순히 도로 하나를 놓는 것을 넘어섭니다. 이는 교통 인프라 개선을 통해 지역의 새로운 경제적 기회를 창출하고, 나아가 다른 지역에도 균형 발전의 중요성을 환기시키는 중요한 계기가 될 것입니다. 강원 남부 지역의 오랜 숙원이 마침내 현실로 다가온 지금, 앞으로 이 지역이 맞이할 변화와 발전을 기대해 봅니다.

3-7 석탄 산업의 중심에서 첨단 광물 자원의 보고로

강원도, 광물 자원의 새로운 시대를 열다

강원도는 과거부터 석탄, 석회석, 철광석, 텅스텐, 형석, 티타늄 등 다양한 광물 자원이 풍부한 지역으로, 이 자원들은 강원도의 경제 발전에 지대한 공헌을 해왔습니다. 하지만 한때 대한민국 에너지의 핵심이자 서민 생활의 필수품이었던 석탄은 수요 급감으로 '폐광 지역'이라는 용어가 낯설지 않은 상황에 이르렀습니다.

과거에는 광산에서 단순히 광물을 채굴하여 판매하는 것에 집중했습니다. 광물 자체를 정제하지 않고 거의 원광 상태로 수출하거나 국내에서 가공 없이 사용하는 것이 일반적이었죠.

텅스텐, 강원도 경제의 새로운 희망

최근 강원도 영월 상동 지역에서 텅스텐 광산이 본격적으로 개발되고 있습니다. 텅스텐은 높은 강도와 내열성을 가진 자원으로, 항공기 엔진 부품, 전기차 배터리, 반도체 제조 장비, 군수품 등 다양한 첨단 산업에서 필수적으로 사용됩니다. 특히 전세계적으로 텅스텐 공급이 중국과 러시아에 집중되어 있기에, 상동 광산의 개발은 대한민국의 전략적 자원 공급망 강화에 매우 중요합니다.

상동 광산은 한때 세계 최대 텅스텐 생산지 중 하나였으며, 1950년대부터 1970년대까지 대한민국의 중요한 외화 획득 수단이었습니다. 당시 텅스텐 생산량의 상당 부분이 해외로 수출되었죠. 그러나 1990년대 중국의 저렴한 텅스텐으로 인해 가격 경쟁력을 잃은 상동 광산은 문을 닫게 되었습니다. 이후 캐나다 기반의 알몬티대한중석이 2015년 상동 광산을 인수하고 재개발을 추진하면서, 이 지역은 다시금 텅스텐 생산의 중심지로 부상하고 있습니다.

상동 광산은 세계적인 수준의 텅스텐 매장량을 보유하고 있으며, 재개발을 통해 다시금 한국의 전략 광물 공급망에서 중요한 역할을 할 것입니다. 알몬티대한중석은 현재 텅스텐 생산을 본격적으로 시작하기 위해 선광 시설을 확장하고 있으며, 상동 광산의 텅스텐은 국내외 첨단 산업에 필수적인 자원으로 사용될 예정입니다.

고부가가치 산업 생태계로의 전환

알몬티대한중석은 단순히 광물을 채굴하는 것을 넘어, 선광(광물에서 불순물을 제거하여 순수한 금속을 얻는 작업) 및 제련 과정을 강화하여 고부가가치 제품을 생산하겠다는 약속을 했습니다. 부디 그 약속이 지켜지기를 바라며 응원합니다. 여기에 더하여, 제련된 금속을 다양한 용도로 활용할 수 있는 합금 산업으로 발전시키는 것이 강원도가 나아가야 할 방향입니다.

예를 들어, 텅스텐 합금을 생산하는 산업을 유치하여 항공, 자동차, 전자산업과 같은 첨단 산업과 연계하는 것입니다. 이러한 산업을 중심으로 지역 내 기업들을 육성할 뿐만 아니라, 첨단 소재 산업을 필요로 하는 글로벌 기업들을 유치하는 전략적 거점이 될 수 있습니다.

강원도의 미래: 광물 자원 산업의 고도화

강원도는 더 이상 단순한 광물 채굴에만 의존할 수 없습니다. 광물 관련 산업을 고도화하고, 이를 바탕으로 연관 산업과 기업을 유치하는 것이 필수적입니다. 이를 통해 강원도는 광물 자원 중심의 단순 경제 구조에서 벗어나, 첨단 산업의 허브로 자리매김하겠다는 전략을 세워야 합니다. 강원도의 미래는 광물 자원을 활용한 산업 고도화에 달려 있으며, 이를 실현하기 위해 지역 사회와 정부, 기업 간의 긴밀한 협력이 필요합니다.

문화유산, 과거와 미래를 잇는 다리 / 3-8
원주 법천사지 지광국사탑 복원을 바라보며

지난 11월 12일, 강원도 원주시 부론면에 위치한 법천사지 유적전시관에서 뜻깊은 행사가 열렸습니다. 바로 국보 제101호 '원주 법천사지 지광국사탑'의 복원 기념식이었죠. 이 자리에서 문화유산이 지닌 진정한 가치와 의미를 다시 한번 되새길 수 있었습니다.

수난의 역사와 빛나는 귀환

지광국사탑은 고려시대 승려 지광국사 해린(984~1070)을 기리기 위해 세워진 석탑으로, 본래 법천사지에 자리하고 있었습니다. 그러나 1911년 일제강점기 시절 일본으로 무단 반출되는 수난을 겪었으며, 이후 경복궁 경내에 보관되던 중 6.25 전쟁으로 인해 약 1만2천 조각으로 파손되는 아픔을 겪기도 했습니다.

　오랜 기다림 끝에 국립문화유산연구원의 헌신적인 보존 처리 과정을 거쳐, 2023년 8월 마침내 원주로 반환되었습니다. 그리고 2024년 11월 복원 공사가 완료되어 법천사지 유적전시관에 굳건히 안치될 수 있었습니다. 복원 기념식은 지역 주민들과 국가문화유산 관계자들이 참석한 가운데 성대하게 진행되었으며, 창작음악극, 제막식, 그리고 지역민이 참여하는 다양한 부대 행사가 어우러져 모두가 함께 기쁨을 나누는 축제의 장이었습니다. 지광국사탑을 고향으로 되돌리기 위해 노력했던 원주시민들과 함께 기뻐하고 축하할 수 있었던 의미있는 자리였습니다.

문화유산, 단순한 유물을 넘어선 공동체의 구심점

지광국사탑의 복원과 반환에는 막대한 예산과 노력이 투입되었습니다. 일부에서는 경제적인 관점에서 조상의 문화를 보존하는 것에 관광 이상의 이점이 있을까 의문을 제기하기도 합니다. 그러나 문화는 한반도에서 살아온 우리를 하나로 묶는 강력한 구심점입니다. 문화가 사라진다는 것은 나라의 근간이 흔들리는 것과 같습니다. 그렇기에 모든 문명 세계는 자국 문화를 보존하기 위해 끊임없이 노력합니다.

　예를 들어, 역사적으로 유목 생활과 독특한 문화를 공유하며 하나의 공동체로 존재해 온 몽골 민족은 현재 내몽골(중국령)과 외몽골(몽골국)로 나뉘어 문화적 단절을 겪고 있습니다. 내몽골은 중국의 소수민족 정책 아래 전통적인 몽골 문화를 잃어가고 있으며, 특히 언어와 종교 활동을 제한당하며 고유의 정체성 또한 위협받고 있습니다. 반면 외몽골은 독립된 국가로서 문화를 보존하고 있지만, 내몽골과의 교류가 단절되어 이제는 통일에 대한 의지마저 약해진 듯합니다. 이는 경제 수준이나 체제의 차이도 있겠지만, 문화적 단절이 근본적인 원인으로 작용하고 있습니다. 분단이 장기화되고 있는 한반도에도 몽골의 사례는 큰 경고의 메시지를 던져줍니다.

미래를 위한 문화유산 보존 노력

이탈리아는 전 세계에서 가장 많은 유네스코 문화유산을 보유한 국가 중 하나입니다. 고대 로마 유적, 르네상스 건축물 등 다양한 문화재를 통해 국가적 정체성을 공고히 하고 있으며, 자연스럽게 관광 산업의 비중도 매우 큽니다. 이러한 이탈리아조차도 문화재 보호를 위해 끊임없이 노력하고 있습니다. 베네치아에서는 과도한 관광객으로 인한 문화재 훼손을 방지하고자 입장 예약제를 운영하고 관광객 수를 제한하는 등, 문화유산을 지속 가능하게 보존하고 국가 정체성을 유지하려는 적극적인 노력을 기울이고 있습니다.

심지어 전쟁 중인 우크라이나 역시 문화유산 보호를 위해 고군분투하고 있습니다. 박물관과 예술 단체는 주요 작품을 안전한 장소로 대피시키거나 복원 작업을 진행하고 있으며, 국제적으로는 유네스코와 협력하여 위협받는 유적지의 보존을 지원받고 있습니다. 우리나라도 전시에 대비하여 유형, 무형의 국가 문화유산을 안전하게 보관하거나 대피하는 계획을 수립하여 시행하고 있습니다.

　문화유산은 단순히 과거의 흔적이 아닙니다. 그것은 오늘날 우리를 존재하게 한 뿌리이며, 미래 세대를 위한 귀중한 자산입니다. 문화유산을 소중히 여기는 것은 곧 우리의 역사와 전통, 그리고 미래를 지키는 길임을 늘 기억해야 하겠습니다.

강원도 영상산업, 글로벌 허브를 꿈꾸다 / 3-9

우리의 잠재력을 극대화하기 위한 핵심 전략은?

강원도의 영상산업 발전을 위해 우리가 어떤 방향으로 나아가야 할지에 대한 생각을 나누어 볼까 합니다. 강원도는 그동안 영화, 드라마 촬영지로 각광받으며 영상산업 발전을 위한 기반을 다져왔습니다. 수려한 자연경관과 다채로운 촬영 명소는 국내외 제작자들이 선호하는 최적의 로케이션으로, 이미 다양한 유명 작품의 배경이 되어 강원도 영상산업의 소중한 자산이 되고 있습니다.

열린 소통과 협력으로 새로운 지평을 열자

모든 발전은 외부와의 열린 소통을 통해 이루어집니다. 예를 들어, 중동 지역은 과거 사막과 바다로 둘러싸여 교류가 어렵다고 생각되겄지만, 그들은 상인들과의 소통을 통해 무역을 발전시켜왔습니다. 이집트와 메소포타미아 등 여러 문명과 교류하며 중동은 상업적으로 큰 발전을 이룩했습니다. 또한 대항해 시대 네덜란드가 전세계와 활발히 무역하며 경제적 번영을 이룬 것처럼, 영상산업 역시 외부와의 협력과 소통을 통해 비약적인 발전을 이룰 수 있습니다.

강원도 영상산업의 발전을 위해서는 지금보다 더욱 개방적인 태도가 필요합니다. 수도권에만 머무르지 않고, 해외와의 활발한 교류를 통해 새로운 기회를 모색해야 합니다. 최근 5년간 대한민국 영상산업은 넷플릭스와 같은 글로벌 플랫폼과의 협력을 통해 전세계적인 인기를 얻으며 경제적으로도 큰 성과를 거두고 있습니다. 넷플릭스가 한국 콘텐츠에 대한 투자를 대폭 확대하겠다는 발표는 강원도에도 엄청난 기회가 될 수 있습니다.

'테마 관광'과 '첨단 후반작업'의 결합

강원도는 단순히 촬영 장소를 제공하는 것을 넘어, 촬영지를 활용한 테마 관광 상품으로 확장할 수 있는 큰 잠재력을 가지고 있습니다. 〈가을연가〉 촬영지인 남이섬의 사례처럼, 인기 드라마나 영화의 촬영지는 꾸준히 관광객을 유치하며 지역 경제 활성화에 기여하고 있습니다. 이러한 테마 관광은 지역 주민들에게도 긍정적인 영향을 미치며 상생의 모델을 만들어낼 수 있습니다.

또한, 강원도는 컴퓨터를 이용한 영상 후반작업 분야에서도 큰 가능성을 품고 있습니다. 영화나 드라마의 편집, 그래픽, 특수 효과 등을 담당하는 후반작업은 〈이상한 변호사 우영우〉에 등장하는 고래처럼 상상력을 현실로 구현하는 핵심적인 과정입니다. 뉴질랜드의 웨타 스튜디오(Weta Studio)가 〈반지의 제왕〉, 〈아바타〉 등 세계적인 작품의 특수 효과를 담당하며 후반작업 분야의 세계적인 리더로 자리매김한 것처럼, 강원도 역시 첨단 후반작업 인프라를 구축한다면 전 세계 영상 제작자들의 이목을 집중시킬 수 있을 것입니다.

강원도 영상산업, 미래를 향한 비전

강원도 영상산업의 지속적인 발전을 위해서는 열린 자세로 수도권 및 해외와의 교류를 강화해야 합니다. 강원도가 가진 아름다운 자연경관과 매력적인 촬영 장소에 더해, 최첨단 후반작업 인프라까지 갖춘다면 국내외 영상 제작자들에게 가장 매력적인 선택지가 될 것입니다. 강원도의 영상산업이 더욱 크게 발전하여 글로벌 콘텐츠 시장의 중요한 축으로 성장할 수 있도록, 우리 모두 함께 지혜를 모으고 노력해야 할 때입니다.

지속가능한 성장을 위한 필수요소, 디지털 은행 / 3-10

강원도민의 생활 개선과 경제 활성화를 위한 해법

강원도는 관광을 넘어 반도체, 바이오, 수소, 모빌리티, K-푸드, IT 등 미래 산업의 거점으로 빠르게 변화하고 있습니다. 이러한 변화의 흐름 속에서 강원도 경제의 지속가능한 성장과 지역 주민의 삶의 질 향상을 위해 놓치지 말아야 할 핵심 동력은 무엇일까요?

강원, 왜 지금 디지털 은행인가?

강원도에 은행을 설립하는 것은 지역 경제 활성화와 미래 성장 동력 확보를 위한 중요한 기회가 될 수 있습니다. 특히 수도권과의 교통 인프라 개선으로 인적·물적 교류가 활발해지면서 강원도 경제 성장은 더욱 가속화될 것으로 기대됩니다. 이러한 성장세는 자연스럽게 금융 서비스에 대한 수요 증가로 이어지고 있습니다.

강원도의 특성을 고려할 때, 디지털 중심의 네오뱅크(인터넷 전문은행) 모델이 가장 적합합니다. 네오뱅크는 물리적 지점 없이 디지털 플랫폼을 통해 금융 서비스를 제공하여 지리적 제약을 극복하고, 농어촌 지역의 금융 접근성을 획기적으로 높일 수 있습니다. 이는 농어업 종사자에게 저리 대출을, 신산업 기업에게는 기술개발 자금을 지원하는 등 각 분야의 특성에 맞는 맞춤형 금융 서비스 제공을 가능하게 합니다.

디지털과 오프라인의 조화로운 연결

완벽한 디지털 전환 속에서도 일부 계층을 위한 오프라인 접점의 중요성은 간과할 수 없습니다. 따라서 주요 도시와 산업 단지에는 소규모 오프라인 거점 또는 디지털 키오스크를 설치하여 복잡한 금융 업무나 대면 상담이 필요한 고객, 특히 고령층이나 디지털 기술에 익숙하지 않은 분들에게 보완적인 금융 서비스를 제공할 수 있습니다. 이는 디지털 서비스의 한계를 보완하고 보다 폭넓은 금융 접근성을 확보하는 데 기여할 것입니다.

성공적인 디지털 은행을 위한 핵심 전략

강원도 내 디지털 은행의 성공적인 정착을 위해서는 다음과 같은 전략적 접근이 필수적입니다.

○ **디지털 리터러시 및 금융 교육 강화**

농어촌 주민과 고령층을 위한 디지털 뱅킹 사용법, 금융 사기 예방 교육 등 맞춤형 교육 프로그램을 운영하여 디지털 금융 활용 역량을 높여야 합니다. 또한, 청소년과 젊은 층에게는 금융 기초, 자산 관리, 투자 교육 등을 제공하여 미래 세대가 강원도 경제에 기여할 수 있는 역량을 키워야 합니다.

○ **강원도 맞춤형 금융 상품 개발**

농·수산업 종사자 대상 대출, K-푸드 산업 수출 금융 지원, 바이오·반도체 산업 연구 개발 자금 등 강원도의 경제적 특성과 산업 구조를 반영한 특화된 금융 상품을 제공하여 지역 경제 발전을 지원해야 합니다.

○ **공공기관 및 지자체와의 협력**

정책 자금 대출, 지역 산업 육성 지원, 사회적 기업 지원 등 공공 자금을 활용한 금융 지원 프로그램을 운영하고, 녹색 성장 정책과 연계한 친환경 산업 자금 지원 등을 통해 지역 경제 활성화에 기여해야 합니다.

○ **자연재해 대비 금융 상품 마련**

강원도의 자연재해 특성을 고려하여 농·수산업 피해 보상 금융 지원, 재해 보험, 긴급 자금 지원 프로그램 등을 마련하여 지역 경제의 안정성을 유지해야 합니다.

강원도 경제의 새로운 도약을 위한 금융 혁신

강원도에 디지털 중심의 은행을 설립하는 것은 단순히 금융 서비스를 제공하는 것을 넘어, 산업 발전과 지역 경제 활성화에 기여할 수 있는 중요한 발판이 될 것입니다. 금융 접근성을 높이고 맞춤형 금융 상품을 제공하며, 공공기관과의 협력, 디지털 리터러시 교육, 경제적 불확실성 대비책 등을 통해 강원도의 경제적 특성과 변화를 효과적으로 반영할 수 있습니다. 이러한 접근을 통해 강원도는 경제적 자립을 강화하고, 지역 주민들에게 실질적인 혜택을 제공하며 지속 가능한 경제 성장을 이룰 수 있을 것입니다.

4

춘천의 미래를 위한 질문들

제 고향이라서 하는 말이 아니라 춘천시는 아름다운 자연환경과 특유의 분위기로 지금껏 많은 사랑을 받아왔습니다. 고향이 춘천이라고 말하면, 대부분의 사람들이 좋게 평가해주시기도 합니다. 하지만 늘 아쉬움이 남았습니다. 우리 춘천이 스위스의 제네바나 캐나다의 밴쿠버와 같은 도시로 성장해나갈 수많은 가능성을 품고 있다고 생각하기 때문입니다.

이런 꿈이 저만의 것이 아닐 것이라고 믿습니다. 또한 꿈을 위해서는 견고하게 현실에 발딛고 실천해야 함도 알고 있습니다. 그래서 끊임없이 질문하고, 그 답을 함께 만들어보려 합니다. 도시라는 공동체 안에 복잡하게 얽혀 있는 문제들도 끊임없는 질문 앞에서는 '답'을 내놓으리라는 희망과 함께 말입니다.

춘천의 미래를 위한 '세 개의 열쇠' / 4-1
춘천은 과연 새로운 성장 거점으로 도약할 수 있을까?

춘천은 이제 강원 북부권을 아우르는 핵심 도시로 도약할 준비를 하고 있습니다. 그 원동력은 바로 최근 활발히 진행되고 있는 대대적인 교통망 확장 사업에 있습니다. 먼저, 서울에서 춘천을 거쳐 속초까지 연결되는 동서고속화철도가 개통되면 춘천의 위상은 크게 달라질 것입니다. 이 철도는 수도권과 강원 북부, 그리고 동해안을 1시간 39분 만에 연결하며, 춘천을 단순한 교통의 종착지가 아닌 새로운 교통의 중심지로 탈바꿈시킬 것입니다.

또한, 제2경춘국도 건설은 춘천의 교통망을 더욱 견고히 할 핵심 사업입니다. 이 도로는 수도권과 춘천을 보다 빠르게 연결하여 강원 북부 지역으로의 접근성을 획기적으로 높일 것입니다. 특히 기존

경춘국도의 교통량을 분산시키고, 수도권과 춘천을 잇는 새로운 관문 역할을 할 것으로 기대됩니다. 이러한 도로망과 철도망의 조화는 춘천이 강원 북부권과 동해안을 아우르는 중요한 거점으로 성장할 기반을 마련해 줄 것입니다.

춘천역, 중도, 캠프페이지는 묶어서 생각해야

춘천역 인근 지역과 중도, 그리고 캠프페이지 부지가 이러한 변화의 중심에 있습니다. 오랫동안 방치되었던 미군 기지인 캠프페이지는 춘천의 역사적 아픔을 상징하는 곳입니다. 그 활용 방안을 두고 수차례 논의가 있었지만, 아직까지 시민 다수가 동의할 수 있는 명확한 발전 방향이 제시되지 못하고 있습니다.

바로 맞은편의 중도는 춘천의 아름다운 자연경관과 역사적 가치를 간직한 공간으로, 관광과 지역 문화의 허브로 발전할 잠재력이 매우 큽니다. 현재 레고랜드와 관련된 계약 문제와 장기적인 부동산 산업 침체 때문에 개발에 이르지 못하고 있지만, 이 지역이 가진 가능성은 무궁무진합니다.

또한 춘천역은 고속철도 연결을 기점으로 춘천의 새로운 교통 중심지로 거듭나고 있지만, 아직은 춘천역 주변 개발에만 초점이 맞춰져 있는 상황입니다. 따라서 지금처럼 각각의 개발에 집중하기보다는 시의 종합적인 발전 계획에 따라 명확한 비전 아래 조화로운 발전을 추구해야 할 것입니다.

수도권 의료 서비스 접근성 향상과 지역 상생

춘천은 단순히 새로운 교통망의 중심지가 되는 것을 넘어, 강원 북부권 주민들에게 의료, 문화, 교육, 쇼핑 등 다양한 서비스를 제공하는 다기능 중심지로 거듭나야 합니다.

현재 강원도민들은 서울로 이동하는 데 막대한 시간과 비용을 쓰고 있습니다. 특히 의료 서비스의 경우, 서울의 대형 병원에 대한 의존도가 높은데, 이는 지역 내 의료 서비스에 대한 신뢰 부족과 의료진 부족에서 비롯된 문제점입니다. 만약 서울과의 접근성이 뛰어난 춘천역에 종합병원이 설립된다면, 양질의 의료 서비스를 지역 내에서 제공할 수 있을 뿐만 아니라 수도권 의료진 확보도 용이해질 것입니다. 새로운 철도와 도로망을 통해 강원 북부 주민들 역시 편리하게 의료 시설을 이용할 수 있게 될 것입니다.

MICE 산업을 통한 고부가가치 경제 창출

춘천은 또한 MICE 산업(회의, 인센티브 관광, 컨벤션, 전시)의 중심지로 발전해야 합니다. MICE 산업은 관광, 경제, 문화적 파급 효과가 큰 고부가가치 산업입니다. 수려한 자연경관과 수도권과의 뛰어난 접근성을 갖춘 춘천은 MICE 산업을 위한 최적의 후보지입니다. 춘천의 아름다운 자연과 도시적 매력을 결합하면 이 지역은 국내외 방문객에게 매력적인 목적지가 될 것입니다. MICE 산업은 단순한 관광객 유치를 넘어 비즈니스 방문객 유치에도 크게 기여할 것입니다.

문화·예술 거점으로 도약하는 춘천

문화와 여가 산업의 발전 또한 춘천 성장에 중요한 역할을 할 것입니다. 서울에서는 이미 뮤지컬, 연극, 공연 등 다양한 문화 콘텐츠가 활발히 이루어지고 있지만, 모든 수요를 충족시키기에는 한계가 있습니다. 서울시청 기준으로 춘천역 주변은 판교보다 더 빠르게 접근할 수 있는 곳입니다. 좋은 공연장을 조성한다면 수도권에서도 손쉽게 방문할 수 있고, 지역 주민들의 문화적 갈증도 해소할 수 있을 것입니다. 여기에 여가를 보낼 수 있는 카페와 클럽 등 F&B 산업이 하나의 클러스터를 이룬다면, MICE 산업의 핵심인 호텔과 함께 춘천은 더욱 매력적인 도시로 자리매김하게 될 것입니다.

강원도민을 위한 사람 중심의 도시 비전

이러한 노력들은 단순히 춘천을 관광지로 만드는 데 그치지 않습니다. 도시의 매력을 높여, 우수한 인재를 보유한 고부가 가치 산업군에 속하는 기업들이 춘천으로 쉽게 올 수 있도록 유인하는 것이 첫 번째 목표입니다. 이는 부수적으로 높은 관광 효과도 기대할 수 있게 할 것입니다.

춘천의 발전은 강원 북부와 수도권을 연결하는 데서 그치지 않습니다. 이 도시는 이제 수도권의 자본과 인력을 끌어들이고, 강원도민들에게 필요한 실질적인 서비스를 제공하며, 지역 경제를 활성화하는 중심지로 변화해야 합니다. 춘천역과 캠프페이지, 중도는 바로 그 변화의 중심에 서 있습니다. 교통망의 확장과 함께 이 지역의 통합적 개발은 춘천의 새로운 시대를 열고 있습니다. 이러한 변화는 춘천을 강원 북부와 수도권을 잇는 허브로, 그리고 한국 전역에서 주목받는 모델 도시로 만들어 갈 것입니다.

대한민국 균형 발전을 이끌어갈 국가적 모델 도시, 춘천

이를 통해 춘천은 '강원 북부와 수도권을 연결하는 국가적 모델 도시'로 자리매김할 수 있습니다. 강원도 경제와 문화의 중심지로 발돋움할 뿐만 아니라, 수도권의 과밀화를 해결하고 동해안 관광과 산업을 활성화하는 전략적 거점으로 기능할 수 있습니다.

춘천은 이제 새로운 선택의 기로에 서 있습니다. 단순히 도시의 크기를 키우는 개발을 넘어, 삶의 질을 높이고 수도권과 강원 북부와의 조화를 이끄는 '사람 중심의 도시'로 발전해야 합니다. 이를 통해 춘천은 강원도 전역과 수도권 모두에게 필수적인 도시가 될 것이며, 앞으로의 대한민국 균형 발전에 중요한 기여를 할 수 있을 것입니다.

춘천 원도심과 행정복합타운, 상생을 위한 '플러스적 사고'

4-2

도시의 가능성 확대를 위해 더하고 더하자!

춘천은 지금 중요한 전환점에 서 있습니다. 강원도청사가 고은리로 이전하고 행정복합타운이 조성되는 대규모 사업이 진행됩니다. 이 프로젝트는 도청 이전뿐 아니라 행정복합타운 조성을 포함해 넓은 부지와 상당한 예산이 투입되는 대규모 사업입니다. 춘천의 새로운 중심축이 형성될 것이라는 기대와 함께 우려의 목소리도 나오고 있습니다. 과연 이러한 변화가 춘천의 발전을 저해할까요?

새로운 도약을 위한 춘천의 잠재력

일각에서는 춘천의 한정된 인구와 경제적 자원을 이유로 행정복합타운 조성이 기존 도심 발전을 위협할 것이라 주장합니다. 하지만 이러한 시각은 춘천의 잠재력을 과소평가하는 '마이너스적 사고'에 가깝습니다. 이제는 제한된 틀을 벗어나 '플러스적 사고'로 도시의 가능성을 바라봐야 할 때입니다.

○ 춘천역의 비약적인 발전

춘천역에 KTX와 GTX-B 노선이 연결되면 수도권과의 접근성이 대폭 향상될 뿐만 아니라, 속초까지 이어지는 노선은 강원권 내부의 연계성 또한 강화할 것입니다. 오랜 기간 춘천 발전을 가로막았던 캠프페이지 문제가 해결되면서 춘천역은 도심과 실질적으로 연결되는 구조적 이점을 갖추게 되었습니다. 이를 바탕으로 춘천역 주변은 중도, 근화동, 소양로, 명동을 아우르는 폭넓은 발전의 중심지가 될 수 있습니다.

○ 고은리와 춘천역 주변의 시너지

고은리는 새로운 도청 청사와 행정복합타운을 중심으로 춘천 발전의 새로운 한 축이 될 것입니다. 동시에 춘천역 주변은 수려한 경관과 개선된 교통 환경을 기반으로 MICE(회의, 포상관광, 컨벤션, 전시)와 IT 산업 등 미래지향적인 산업 발전의 중심지로 도약할 잠재력을 가지고 있습니다. 이 두 축의 성장은 춘천의 인구를 늘리고 양질의 일자리를 창출하여 도시의 경제적 역량을 한층 강화할 것입니다.

지속 가능한 성장을 위한 '플러스적 사고'

도청 이전과 도시 재개발이라는 중요한 전환점에서, 우리는 더 넓은 시야와 '플러스적 사고'를 통해 지속가능한 성장의 길로 나아가야 합니다. 춘천은 단순한 행정 중심지를 넘어, 수도권과 강원권을 잇는 교통의 요지이자 미래 산업의 거점으로 발돋움할 것입니다. 춘천의 새로운 도약이 이제 눈 앞에 있습니다.

"기업 유치"라는 기대 / 4-3
'왜?'라는 질문이 필요한 이유

기업이 우리 고장에 오겠다는 말을 들으면, 기쁜 마음에 앞서 "왜?"라는 질문이 먼저 떠오르곤 합니다. 고향에 대한 자부심과 애정이 부족해서가 아닙니다. 지난 30년간 기업에 몸담으며 언론과 대중을 상대로 소통하는 업무를 수행하면서, 기업의 의사 결정과 위기 관리 과정을 가까이서 지켜볼 기회가 많았기 때문입니다. 이 경험을 통해 저는 기업의 생리를 누구보다 잘 이해하고 있다고 생각합니다.

　기업이란 무엇일까요? 가장 간단한 정의는 '투자자들이 시중 금융권보다 더 높은 이익을 내기 위해 만든 조직'입니다. 투자자의 소유권은 주식으로 구분되며, 기업은 투자자들의 기대를 충족시키기 위해 시장 평균을 상회하는 성장률을 유지해야 하는 숙명을 안고 있습니다. 높은 위험성을 감수하고 투자하는 대신, 안전한 금융자산보다 더 큰 수익을 기대하기 때문입니다.

특히 상장회사는 재무 정보가 투명하게 공개되고, 중요한 의사 결정은 공시를 통해 알려야 합니다. 수많은 소액 투자자(소위 개미 투자자)들의 이해관계까지 신경써야 하므로, 기업 운영자의 부담은 훨씬 커질 수밖에 없습니다.

이러한 기업이 우리 지역에 투자를 약속하는 양해각서(MOU)를 체결한다고 가정해 봅시다. 기업 성장에 대한 끊임없는 과제에 시달리는 경영자에게 이전이나 확장은 단기간에 막대한 비용과 위험이 수반되는 중대한 이벤트입니다. 따라서 이러한 소식에 '왜?'라는 질문을 던지는 것은 자연스러운 일입니다. 기업의 목적은 이윤 창출이므로, 모든 약속은 철저한 이해타산에 기반할 때 비로소 온전히 이행될 가능성이 높아집니다. 기업의 입장에서 요모조모 따져보았을 때 논리적으로 타당해야만 약속이 지켜질 수 있기 때문입니다.

장밋빛 전망 너머, 춘천 VFX 산업 유치에 대한 현실적 고찰

최근 춘천의 캠프페이지 부지에 VFX(시각특수효과) 산업을 유치하자는 계획이 발표되었습니다. 조건만 맞는다면 일부 기업이 이전해 올 의향이 있다는 긍정적인 소식도 들립니다. 춘천이 서울과 가깝고 아름다운 자연환경을 갖추고 있어 충분한 가능성이 있는 도시라는 점은 의심의 여지가 없습니다. 저 또한 VFX 기업을 춘천에 유치하는 것을 환영하며, 특히 춘천역 바로 옆에 위치한 캠프페이지 부지는 더할 나위 없이 적합한 장소라고 생각합니다.

하지만 막대한 투자와 인력 확보 등 단기간에 많은 비용과 위험을 감수해야 하는 의사 결정이 그리 쉽게 이루어질 수 있을지 의문이 남습니다. 예를 들어, 부동산의 경우 임대나 매각과 같은 실질적인 유인책이 없다면 기업이 우리 고장으로 와야 할 동기가 부족할 수 있습니다. 인재 확보 역시 마찬가지입니다. 중대형 버츄얼/후반작업 스튜디오들이 서울 외곽에 들어섰고, 중소형 후반작업 스튜디오들은 작업의 편의성과 접근성 등에 의해 강남 또는 홍대 등 서울 도심에 자리잡고 있으며 그 곳을 떠나기 어려운 것이 현실입니다.

제주도 다음커뮤니케이션 본사 이전 실패 사례에서 배우다

좋은 의도와 계획으로 출발했지만 실패로 끝난 사례가 있습니다. 물리적 생산보다 지식 생산에 기반한 기업이라는 점에서 춘천시가 고려하는 사례와 유사할 수 있어 소개하고자 합니다.

2012년, 다음커뮤니케이션(이하 다음)이 제주도로 본사를 이전했습니다. 저 또한 회의 참석을 위해 몇 차례 방문했는데, 푸른 바다가 보이는 멋진 건물과 시원한 바람 등 근무 환경이 정말 훌륭했습니다. 만난 직원들도 레저와 자연을 즐길 수 있는 환경에 만족하는 듯 보였습니다. 회사는 서울에서 이전한 임직원을 위해 매달 항공권을 제공하는 등 많은 노력을 기울였습니다.

제주도 또한 적극적인 지원을 아끼지 않았습니다. 첨단과학기술단지 내 저렴한 부지 제공, 행정적 지원, 법인세 및 재산세 감면, 지역 대학과의 협력, IT 기반 기업 생태계 조성, 투자 유치 등 다양한 약속이 있었습니다.

그러나 결과적으로 다음 본사는 2018년에 다시 서울로 복귀했습니다. 제주도에는 일부 연구개발 조직만 남겨 체면을 유지했습니다. 제주 첨단과학기술단지의 핵심 기업이었던 다음의 철수는 단지 발전에도 큰 타격을 주었습니다. 결국 제주도의 야심찬 계획은 핵심 기업의 이탈로 인해 결실을 맺지 못했습니다.

왜 이런 일이 벌어졌을까요? 기업과 지자체 간의 문제이기에 공개적인 이유를 밝히기는 어려웠습니다. 하지만 내부 소식통과 외부의 분석을 종합해보면, 가장 큰 원인은 '인재 유치의 어려움'과 '비즈니스 환경의 문제', 그리고 '서울과 제주도로 분산된 체제로 인한 경영 효율성 저하'였습니다. 또한, 제주도가 약속했던 대학 연계 및 벤처 창업 지원 등의 정책도 제대로 이행되지 않았다고 합니다.

성공적인 기업 유치를 위하여

기업 유치는 지역 발전에 반드시 필요합니다. 하지만 막연한 환상에 사로잡혀서는 안 됩니다. 비용과 위험에 민감한 기업은 신중하게 접근하지만, 지자체는 종종 재임 기간 동안의 가시적인 성과를 내기 위해 서두르는 경우가 많은 것이 아닌가 싶습니다.

그러므로 기업 유치는 '장밋빛 결과'에 대한 환상을 잠시 접어두고, 기업의 입장에서도 충분히 납득할 수 있는 논리가 있는지 철저히 검토해야 합니다. 또한, 제주도 사례처럼 계획이 불발되었을 때 지역 사회에 미칠 부정적인 영향까지 꼼꼼하게 따져보는 신중함이 필요합니다.

지자체와 기업이 '숫자와 이익'이라는 동일한 관점에서 합의를 이룰 때, 비로소 기업 유치는 성공적으로 이루어질 수 있습니다.

춘천의 VFX 산업 유치는 긴 시각으로 / 4-4
과연 지속 가능한 미래를 담보할 수 있을까?

춘천시가 VFX(Visual Effects) 기업 유치를 통해 디지털 콘텐츠 산업의 새로운 거점으로 성장하려는 노력을 기울이고 있습니다. 이는 지역 경제를 활성화하고 춘천을 첨단 산업 도시로 탈바꿈시키려는 긍정적인 시도입니다. 그러나 이러한 전략이 과연 미래지향적이며 지속가능할지에 대해서는 면밀한 검토가 필요합니다. 현재 춘천의 VFX 기업 유치 전략을 살펴보면 몇가지 분명한 장점과 함께 중요한 문제점들이 드러납니다. 이를 바탕으로 개선 방향을 제시하고자 합니다.

기존 전략의 장점과 한계, 단기적 유치 성과를 넘어

춘천의 VFX 기업 유치 전략은 물리적 인프라 구축과 세제 혜택 제공을 핵심으로 합니다. 이는 단기적으로는 효과적일 수 있습니다. VFX 기업은 대규모 인프라와 비용 절감 기회를 찾고 있으며, 춘천이 제공하는 지원은 이러한 요구를 충족시킬 수 있습니다. 특히 수도권과 비교적 가깝다는 지리적 위치는 기업들에게 접근성을 보장하며, 수려한 자연환경과 더불어 관광자원도 풍부한 춘천은 크리에이티브 산업 종사자들에게 매력적인 근무 환경을 제공할 수 있습니다. 이러한 장점은 춘천을 VFX 기업 유치의 유력 후보지로 부각시키는 요인입니다.

그러나 현재의 전략에는 몇 가지 한계가 존재합니다. 첫째, 물리적 인프라와 단순 지원에 초점을 맞춘 방식은 장기적인 산업 생태계 구축에 충분하지 않습니다. VFX 산업은 기술 중심의 산업으로, 기업의 성공은 단순히 제작 환경이나 세제 혜택이 아니라 기술력과 창의성에 달려 있습니다. 춘천의 현재 전략은 기업 유치에 중점을 두고 있으나, 정작 핵심인 기술 개발과 인재 양성에는 소홀한 경향을 보입니다. 이는 VFX 산업의 지속 가능성을 위협하는 요소가 될 수 있습니다.

고급 인력 육성과 콘텐츠 생산력까지 갖춰야

인력 문제는 춘천의 VFX 산업 유치 전략에서 간과할 수 없는 약점입니다. VFX 제작은 고도의 기술력을 요구하며, 특히 AI(인공지능) 기술과의 융합이 필수적인 미래 산업입니다. 그러나 춘천은 수도권에 비해 숙련된 전문 인력풀이 부족합니다. 더욱이 VFX 산업에서 단순

기술직은 AI의 발전에 따라 점차 감소할 가능성이 큽니다. 춘천이 산업의 미래를 준비하려면 단순히 인력을 양성하는 데 그치지 않고, AI와 VFX를 융합할 수 있는 고급 인재를 키우는 데 초점을 맞춰야 합니다.

콘텐츠 생태계의 부족도 문제입니다. VFX 산업은 단순히 기술적 제작에만 국한되지 않습니다. 이를 통해 생산된 콘텐츠가 소비자들에게 전달되고, 다시 새로운 프로젝트로 이어지는 선순환 구조를 만들어야 산업이 지속 가능합니다. 그러나 현재 춘천은 콘텐츠 제작과 배급, 소비를 아우르는 생태계 구축보다는 개별 기업 유치에 초점을 맞추고 있습니다. 이는 춘천의 VFX 산업이 단기적인 성과를 내더라도 장기적으로는 경쟁력을 잃을 위험을 내포합니다.

춘천 VFX 산업의 새로운 도약을 위한 제언

춘천이 VFX 산업의 진정한 중심지로 거듭나기 위해서는 현재 전략의 한계를 극복하고 새로운 접근법을 도입해야 합니다.

우선, AI 기술과의 융합을 적극적으로 추진해야 합니다. AI는 VFX 제작의 효율성을 혁신적으로 높이고, 새로운 가능성을 열어주는 기술입니다. 춘천은 AI 기술을 활용한 실시간 렌더링, 물리 시뮬레이션, 자동화된 애니메이션 제작 등 첨단 기술을 지원할 수 있는 플랫폼을 구축해야 합니다. 이를 통해 춘천은 단순 제작 중심지가 아니라 기술 혁신의 허브로 자리매김할 수 있습니다.

인재 양성도 중요한 과제입니다. 춘천 지역 내 대학과 협력해 VFX와 AI를 융합한 전문 교육 과정을 마련하고, 국제적인 수준의 훈련 프로그램을 운영해야 합니다. 또한, 지역 내 우수 인재들이 춘천에 머무를 수 있도록 취업 연계형 장학 프로그램과 인턴십 제도를 활성화할 필요가 있습니다. 춘천은 단순히 기업을 유치하는 데 그치지 않고, 고급 인재와 함께 성장하는 도시로 거듭나야 합니다.

콘텐츠 생태계 구축도 중요합니다. 춘천은 VFX 기술을 활용해 영화, 게임, 가상현실, 광고, 교육 등 다양한 분야에서 활용할 수 있는 콘텐츠를 제작하는 프로젝트를 활성화해야 합니다. 이를 위해 크라우드 펀딩 플랫폼을 통해 독립 제작자와 소규모 팀을 지원하거나, 국제적인 협력 프로젝트를 통해 춘천에서 제작된 콘텐츠가 세계로 뻗어나갈 수 있는 길을 열어야 합니다. 국제 영화제나 콘텐츠 박람회를 유치해 춘천의 VFX 산업을 세계에 알리는 것도 좋은 방법입니다.

지속 가능한 성장을 위한 장기적 관점

결론적으로, 춘천의 VFX 기업 유치 전략은 긍정적인 출발점이지만, 단기적인 성과에 치중한 현재 방식은 장기적인 관점에서 재검토가 필요합니다. 춘천은 AI와의 융합, 고급 인력 양성, 콘텐츠 생태계 구축을 통해 지속 가능하고 미래지향적인 VFX 산업 모델을 만들어야 합니다. 이를 통해 춘천은 단순한 지역 거점을 넘어 디지털 콘텐츠 산업의 글로벌 중심지로 자리 잡을 수 있을 것입니다.

산업단지, 도시 외곽에만 있어야 할까?

4-5

도시의 미래는 유연한 사고에서 시작됩니다

과거 산업단지의 주력은 제조업이었습니다. 제조업은 넓은 부지와 대규모 설비를 필요로 하며, 소음이나 오염물질 배출 등의 환경 문제, 그리고 높은 부동산 가격 등의 현실적인 제약을 안고 있었습니다. 이러한 이유로 산업단지는 자연스럽게 도시 중심부에서 떨어진 외곽 지역에 자리를 잡게 되었습니다.

현재도 많은 산업단지가 시 외곽에 조성되고 있습니다. 춘천의 후평동 산업단지는 예외적인 사례로 볼 수 있습니다. 처음 조성될 당시에는 시 외곽에 위치했으나, 도시가 발전하면서 점차 도심으로 편입된 경우입니다. 이는 도시 성장에 따라 산업단지의 상대적 위치가 변화할 수 있음을 보여주는 흥미로운 사례입니다.

지식산업 시대, 패러다임의 전환

하지만 오늘날 산업의 무게추는 점차 지식산업으로 이동하고 있습니다. 인공지능(AI) 개발, 빅데이터 분석, 인터넷 플랫폼 구축 등 지식 기반 산업은 더 이상 대규모 공간을 필요로 하지 않습니다. 이들 산업의 핵심은 물리적 공간이 아닌 컴퓨터와 데이터에 기반하며, 무엇보다 기술 인재들이 선호하는 근무 환경과 편리한 생활 인프라가 중요합니다. 세계적인 지식산업의 허브인 실리콘밸리가 이를 명확하게 증명합니다. 그곳은 뛰어난 근무 환경과 편리한 생활 인프라를 바탕으로 최고의 인재들을 유치하고 있습니다.

지식산업이 발전하는 지금, 산업단지가 반드시 도시 외곽에 위치해야 한다는 고정관념은 더 이상 유효하지 않습니다. 오히려 도심과 가까운 곳에 지식산업단지를 조성한다면, 직원들의 출퇴근 편의성이 높아지고 문화생활 접근성이 향상되어 기업 유치에 훨씬 유리할 것입니다. 지식산업단지는 제조업처럼 대규모 부지를 필요로 하지 않습니다. 원도심의 유휴지, 혹은 활용 가치가 낮다고 여겨졌던 자투리 공간이라도 충분히 활용할 수 있습니다.

춘천의 새로운 도약: 도심형 지식산업 허브 구상

춘천역 주변을 지식산업 허브로 개발하는 것을 고려해 볼 수 있습니다. 이곳에 중소기업과 스타트업을 위한 스마트 오피스, 연구소, 코워킹 스페이스 등을 조성하여 기업들이 손쉽게 입주할 수 있는 환경을 마련하는 것입니다. 더 나아가, 청년 인재와 기업 간의 네트워킹을 촉진하는 공간이나, 비즈니스 지원 센터를 구축하여 다양한 행정적, 기술적 지원을 제공한다면 시너지를 극대화할 수 있습니다. 이러한 노력을 통해 춘천은 지식산업과 IT 중심지로 성장할 수 있으며, 이는 곧 원도심 활성화에도 크게 기여할 것입니다.

이와 함께, 근로자들이 업무 후 여가를 즐길 수 있도록 생활 편의시설과 문화 공간을 조성하는 것도 중요합니다. 이러한 환경이 뒷받침된다면 젊은 인재들이 춘천에서 일하고 싶어 할 것이며, 이는 춘천 경제 활성화와 더불어 도심을 살리기 위한 중요한 전략이 될 수 있습니다. 지식산업 기업들이 도심에 자리 잡으면 양질의 일자리가 창출될 뿐만 아니라, 수도권과의 교류를 통해 더 많은 비즈니스 기회를 창출할 수 있을 것입니다.

결론적으로, 산업단지가 도시 외곽에 있어야 한다는 낡은 고정관념은 이제 벗어던져야 합니다. 춘천과 같은 도시는 도심 내에 지식산업을 적극적으로 유치함으로써 경제적, 사회적으로 상당한 이익을 걷을 수 있습니다. 이는 도시의 지속가능한 성장과 활성화를 위한 필수적인 전략이 될 것입니다.

4-6 강원연구개발특구 지정 신청과 우리의 과제

춘천의 산업 발전을 위한 중요한 도전

강원특별자치도는 지난 1월 22일, 전국에서 6번째 광역연구개발특구 지정을 받기 위해 과학기술정보통신부에 강원연구 개발특구 지정 신청서를 제출했습니다. 이번 신청은 춘천, 원주, 강릉 3개 도시를 포함해 진행되었습니다.

강원도의 미래산업 육성을 위해서는 반드시 연구개발특구가 필요합니다. 연구개발특구로 지정되면 매년 국비 100억 원이 연구개발비(R&D)로 지원되며, 연도의 제한 없이 지속적인 투자도 가능해집니다. 특구펀드 활용, 신기술 실증 특례 적용 등 기업 성장의 전환점이 될 정책적 지원도 이어질 수 있습니다. 이미 지정된 5개 광역특구의 성과를 보면 입주 기관은 142배, 매출은 27.1배, 고용은 12.6배 증가했습니다.

춘천, 원주, 강릉이 힘을 합쳐 함께 도전

원래 연구개발특구로 지정되기 위해서는 해당 지역 내에 정부출연 연구기관 3개 이상, 대학 3개 이상이 존재해야 합니다. 하지만 강원도는 어느 특정 도시 단독으로는 이 신청 조건을 충족할 수 없었습니다. 이에 도는 연구개발특구로 지정을 받기 위해 두 가지 방향으로 노력했습니다.

하나는, 연구개발특구 자격인 정부출연연구기관 수를 3개에서 2개로 완화하는 것으로, 정부와 협의를 거쳐 '강원특별법' 2차 개정에 반영하는 데 성공했습니다. 다른 하나는, 연구개발특구의 본래 취지와 목표를 달성할 수 있는 계획과 청사진을 제시하는 일입니다. 그 결과 강원도 산업의 핵심지역인 춘천, 원주, 강릉 3개 도시의 장점과 역할을 살리는 방안이 제시되었습니다.

도에 진작부터 정부출연 연구기관과 같은 연구 인프라가 충분했다면 대전, 부산, 광주와 같은 특정 도시에 집중하는 연구 개발특구 신청도 추진해 볼 수 있었지만, 현실적인 한계를 극복하기 위해 많은 노력이 필요해 보였습니다. 강원도 과학기술 발전을 위해 더 많은 투자가 필요하다는 점을 절실히 깨닫는 순간이기도 했습니다.

이처럼 어렵게 신청하게 된 것이지만 앞으로 연구개발특구 지정을 받기 위한 과정도 쉽지 않습니다. 가장 최근인 2015년에 지정된 전북 연구개발특구의 경우, 심사에만 1년 2개월이 소요되었다고 합니다. 하지만 강원도는 연내 지정을 목표로 하고 있으며, 이를 위해 춘천, 원주, 강릉의 긴밀한 협력이 필요한 시점입니다. 과학기술정보통신부의 현장 심사를 앞두고, 도에서는 연구개발 인프라 확충과 기업 지원 방안을 더욱 구체화할 예정입니다.

도시마다 산업생태계 조성을 위한 맞춤 지원 가능

연구개발특구 지정이 지역 경제에 미치는 효과는 이미 검증되었습니다. 대전 연구개발특구는 20년 넘게 운영되면서 IT, 바이오, 국방산업을 크게 성장시켰고, 광주와 부산 역시 각 지역의 특화산업을 중심으로 연구개발특구의 혜택을 받고 있습니다. 강원도 또한 이번 기회를 발판으로 삼아 바이오, 헬스케어, 반도체, 모빌리티 등 차세대 산업을 육성할 필요가 있습니다.

춘천은 오랜 기간 바이오산업을 육성해 왔고, 원주는 의료기기 및 헬스케어 산업이 강점입니다. 강릉은 천연물과 세라믹 소재 산업을 적극적으로 추진하고 있습니다. 강원연구개발특구 지정이 이뤄진다면, 각 지역의 특성을 살려 더욱 경쟁력 있는 산업 생태계를 조성할 수 있을 것입니다.

지역 기업들은 강원연구개발특구 지정 신청을 반기고 있습니다. 강원연구개발특구로 지정되면 연구개발비 지원뿐 아니라, 규제 완화와 세제 혜택 등으로 기업들이 더욱 활발하게 성장할 기회를 얻게 될 전망입니다. 특히 스타트업과 중소기업이 신기술을 실증하고 상용화하는데 필요한 기반이 마련되면서, 지역 내 경제 활성화 효과도 기대할 수 있습니다.

강원도의 연구개발특구 지정은 단순한 행정적 절차가 아닙니다. 강원의 미래를 결정짓는 중요한 과제입니다. 춘천, 원주, 강릉이 각자의 유불리를 따질 문제에서 벗어나야 합니다. 도가 지속가능한 성장을 이루기 위해서는 지역이 하나가 돼 강원연구개발특구 지정을 반드시 성사시켜야 할 것입니다.

**강원도민일보(2025.2.18)에 아래와 같이 기고를 했습니다. 진작 강원도에 국가연구기관을 많이 모셔올 수 있었으면 추진되는 방향은 지금과 또 달랐지 않았을까 하는 생각도 해 봅니다.

민관군 상생발전은 주거안정 사업부터 출발해야 / 4-7

인제군의 제안형 특화 주택단지 공모에서 배우다

인제군이 국토교통부의 '지역제안형 특화 공공임대주택 공모'에 선정되어 총 400호 규모의 임대주택을 조성합니다. 특히 남면 신남리에 들어설 300호는 일반적인 임대주택과는 다르게 군무원과 지역 청년을 위한 '민군 상생형' 특화 단지라는 점에서 큰 의미를 가집니다. 북면 원통리에는 청년과 신혼부부를 위한 100호의 임대주택이 들어설 예정입니다.

군부대 인근 지자체의 고질적인 인구 감소 문제를 해결할 열쇠

이 주택들이 들어설 장소는 과거 수색대와 화학대가 있던 자리입니다. 부대가 철수한 이후 남아 있던 부지를 활용해, 이제는 젊은 군무원들과 지역 청년들이 정착할 수 있는 새로운 공간으로 탈바꿈하게 되었습니다. 저는 이 프로젝트가 단순한 임대주택 공급을 넘어, 군과 지역이 함께 발전할 수 있는 좋은 사례가 될 것이라고 생각합니다.

사실 이러한 고민을 가지고 군단장님과 면담한 후, 군수님께도 말씀을 드렸는데, 결국 이번에 그 결실을 맺게 되었습니다. 군의 입장에서도 이번 사업은 큰 의미가 있습니다. 부대를 방문했을 때 군단장께서 "부대 운영의 상당 부분이 군무원으로 대체되고 있는데, 젊은 군무원들이 부대 근처로 왔다가 버티지 못하고 그만둔다"는 고민을 이야기하셨습니다. 타 지역에서 근무하게 된 젊은 군무원들이 안정감을 느끼면서 생활할 수 있는 주거 환경이 절실하다는 것이었습니다. 군 경험 없이 낯선 환경에서 근무하게 될 20대 젊은 여성 군무원들이 겪을 어려움도 있습니다. (군무원은 군인이 아니므로 영내 거주를 할 수 없고, 관사 등의 숙소도 제공받을 수 없다고 합니다)

군무원들이 지방 생활에 안정감을 느끼지 못하면, 퇴직 등 부대 운영에 어려움이 생길 뿐만 아니라, 해당 지자체도 인구 증가를 기대하기 어려워지고 지역 경제에도 부정적인 영향을 미치게 됩니다. 군 부대 근처에 안정적인 주거 환경이 마련되면 군무원들이 행복하고, 지역 정착으로 이어질 가능성이 높습니다.

인제군의 사례에서 춘천시의 미래를

국방부로부터 부지를 반환 받기에도 좋습니다. 최근 군부대가 주둔하거나 훈련할 수 있는 공간이 줄어드는 상황에서, 군은 가급적이면 기존 부지를 유지하려는 경향이 있습니다. 그럼에도 불구하고 이번처럼 국방부, 지자체, 지역 주민이 모두 실질적인 혜택을 볼 수 있는 모델이라면 군도 긍정적으로 검토할 수밖에 없습니다.

결국, 이번 특화 공공임대주택 사업이 잘 되면 인제군의 인구 유입과 경제 활성화, 군과의 협력 강화, 그리고 군무원들의 생활 안정이라는 세 가지 목표를 동시에 달성할 수 있게 됩니다. 인제군이 이 사업을 적극적으로 추진하고, 향후 정착 지원 정책까지 연계한다면 지역 경쟁력을 높이는 중요한 기반이 될 것입니다.

그렇다면 비슷한 고민을 안고 있는 춘천시는 어떤 전략을 세울 수 있을까요? 춘천 역시 군부대가 많은 도시이고, 인구 감소와 경제 활성화라는 과제를 안고 있습니다. 인제군의 사례를 참고해 춘천이 나아갈 방향을 고민해볼 필요가 있습니다.

① 군무원 대상 맞춤형 주거 공급
춘천시 내 군부대가 많은 후평동, 신북읍, 동내면 등지에 군무원과 군 관련 종사자를 위한 맞춤형 공공임대주택을 공급하여 주거 불안정을 해소하고, 지역 정착을 유도할 수 있습니다. 이는 안정적인 주거 환경을 제공함으로써 군무원들의 이탈을 막고, 지역 내 소비를 활성화하는 효과를 가져올 것입니다.

② 군 관련 배후 산업 육성
군부대와 관련된 물류, 장비 유지·보수, 훈련 지원 등 다양한 배후 산업을 활성화하는 전략이 필요합니다. 군납 물자 생산 기업을 유치하고, 군과 협력하는 중소기업을 육성하여 새로운 일자리를 창출하고 지역 경제의 자생력을 강화할 수 있습니다. 군 장병 및 군무원을 위한 상업시설을 조성하는 것도 지역 경제 활성화에 기여할 것입니다.

③ 군 전역자 정착 지원 강화

군무원뿐만 아니라 장기 복무 후 전역하는 군인들이 춘천에 정착할 수 있도록 전직 교육, 창업 지원, 공공기관 채용 연계 등 실질적인 지원책을 마련해야 합니다. 특히 춘천의 신성장 동력인 IT·바이오 산업과 연계한 교육 및 일자리 지원은 전역 군인들의 안정적인 사회 진출을 돕는 효과적인 방안입니다.

④ 수도권 연계 복합 개발

경춘선 ITX와 서울~춘천 고속도로를 활용한 수도권과의 접근성 개선을 적극 활용해야 합니다. 수도권 직장인을 위한 공공 임대주택과 청년층의 주거·창업 공간을 결합한 복합 단지를 개발하여 인구 유입을 촉진하고 도시의 활력을 높일 수 있습니다.

인제군의 성공 사례는 지역 특성과 군부대와의 협력을 결합한 정책이 인구 감소와 경제 침체라는 문제를 동시에 해결할 수 있음을 보여줍니다. 춘천시 역시 이러한 맞춤형 전략을 통해 지역의 지속 가능한 성장을 이끌어 나갈 수 있을 것입니다.

청주에는 있고 춘천에는 없는 것 / 4-8
춘천은 과연 젊은 세대가 머물고 싶어하는 도시일까요?

한때는 여러 곳이었던 나이트클럽이 이제는 단 하나만 남은 춘천. 반면 원주와 청주에는 다양한 연령층이 즐길 수 있는 클럽들이 여전히 활성화되어 있습니다. 이는 단순히 유흥시설의 유무를 넘어, 도시의 매력과 활력을 보여주는 중요한 지표라고 할 수 있습니다. 모든 지자체가 기업 유치에 힘쓰는 가운데, 춘천 또한 부지 비용 인하, 지방세 감면, 투자유치 장려금 등 다양한 제도를 활용하며 나름의 성과를 거두고 있습니다.

　도시 발전의 가장 직관적인 지표인 인구 변화를 살펴보면, 1980년대 춘천·원주·청주의 인구는 각각 21만, 19만, 35만 명이었으나, 2024년 현재는 28만, 36만, 84만 명으로 크게 변화했습니다. 특히 청주의 폭발적인 성장은 눈여겨볼 만합니다.

인구 증가는 기업 및 산업 발달, 주거·교육·자연환경 등 여러 복합적인 요인이 맞물린 결과입니다. 그러나 수도권 관공서 유치만으로는 도시 성장에 한계가 뚜렷합니다. 다른 도시들 또한 유사하거나 더 좋은 기업 유치 혜택을 제시하는 상황에서, 지방 정부가 기업을 유치할 수 있는 카드에는 일정한 한계가 존재합니다. 실제로 많은 기업인은 수도권 기업을 지방으로 이전할 때 '사람'을 구하는 것이 가장 큰 어려움이라고 말합니다. 직원들이 기존의 삶의 터전, 즉 거주 커뮤니티, 지인 관계, 쇼핑·문화 인프라를 떠나려 하지 않기 때문입니다. 그럼에도 불구하고 어떤 도시들은 매력적인 문화와 생활 여건을 갖춰 성공적으로 성장하고 있습니다.

도시의 매력, 그리고 젊은 세대가 찾는 공간

"매력적인 사람 곁에 사람이 모인다"는 말처럼, 도시가 매력적이면 기업 이전이나 신규 기업 설립 시 인력 수급이 상대적으로 쉬워집니다. 그렇다면 도시의 매력은 무엇일까요? 20~30대 시절을 떠올려보면, 취업·승진·돈도 중요하지만, 일과가 끝난 후 함께 놀고 어울릴 수 있는 사람과 장소가 무엇보다 소중합니다. 춘천에도 좋은 장소들이 많지만, 앞서 언급했듯이 '클럽'과 같은 젊은 문화 공간은 거의 사라졌습니다. 반면 원주 단계동에는 '한국관' '국빈관'이, 청주에는 '돈텔마마' '슈퍼 문' '청춘부르쓰' 등 다양한 연령층이 즐기는 장소들이 활발히 운영되고 있습니다.

변화에 대한 저항, 그리고 미래를 위한 제언

물론 나이트클럽이 젊은이들을 위한 놀이공간의 전부는 아닙니다. 그러나 도시가 성장하는 와중에 오히려 이런 문화적 공간들이 사라진다면, 젊은이들에게 춘천은 점점 매력이 없는 도시로 느껴질 수 있습니다. 더 우려스러운 점은, 수도권보다 훨씬 강한 '변화에 대한 저항'이 도시 전반을 지배하고 있지 않은가 하는 것입니다. 젊은 문화가 뿌리내릴 토양이 사라지고 있다는 개인적인 우려도 있습니다.

교육·호반·청정 도시라는 춘천의 이미지는 훌륭합니다. 그러나 도시가 성장하지 못하면 결국 시민들 모두가 뒤처지는 결과를 낳을 뿐입니다. 이제는 "변하지 않으려는 마음"을 과감히 버려야 합니다. 조금 시끄럽고 마음에 들지 않아도 젊은이들의 문화를 이해하고 수용하는 분위기가 필요합니다. 서울과의 교통 접근성이 점점 좋아지는 이 기회를 살려, 관광객 중심이 아닌 '미래 시민'이 정주하고 소통할 수 있는 다양한 공간을 만들어야 합니다. 클럽이든, 공연장이든, 혹은 홍대 앞과 같은 자유로운 문화공간이든, 젊은이들이 마음껏 즐길 수 있는 장소와 분위기가 더욱 필요합니다.

4-9 춘천 화동2571, 지역 경제 활성화의 마중물이 될 수 있을까?

지금부터가 중요하다, 미래를 위한 최선의 운영

춘천시 근화동에 위치한 화동2571에 새로운 입주 기업이 선정되었다는 소식이 지역 사회의 큰 관심사로 떠올랐습니다. 총 125억 원(국비 40억 원, 시비 85억 원)이 투입된 이 프로젝트는 지역 농산물 활용 신사업 개발과 청년 창업 활성화를 통해 지역 경제에 기여할 수 있게 하자는 목적으로 준비되었습니다. 춘천시는 이 공간이 성공적으로 운영되어 지역 발전에 기여하기를 기대하고 있습니다. 하지만 소양호 옆에 있는 이 땅을 이런 방식으로 사용한 것이 최선이었는지에 대한 의문도 있습니다.

국비 확보, 그 이후를 생각해야 할 때

지자체와 공무원들은 국비 투입 사업에 대한 강한 추진 의욕을 보이는 경향이 있습니다. '국비 확보'를 중요한 성과로 여기기도 하지만, 단순히 국비만으로는 지역에 지속적인 경제적 가치를 창출하기 어렵습니다. 결국, 투입된 자금이 기업 활동으로 이어져야만 진정한 지역 경제 활성화를 기대할 수 있습니다. 그렇다면 예산 투입의 결과가 '기업하기 좋은 환경'을 조성했는지를 면밀히 살펴볼 필요가 있습니다.

화동2571 부지는 춘천 시내 중심부와의 접근성이 좋지 않다는 지적도 있습니다. 개발이 지연되고 있는 캠프페이지 부지가 가로막고 있어, 도심에서 이 지역으로의 접근성은 현저히 떨어집니다. 캠프페이지 개발과 연계는 아직 요원한 상황입니다.

또한, 중도 레고랜드는 완공되었지만 중도 전체 개발이 지연되면서 관광객 유치에 어려움을 겪고 있습니다. 이러한 상황은 화동2571에 입주하는 기업들이 춘천시의 의도대로 공간을 활용하는 데 어려움을 가중시킬 수 있습니다. 실제로 이 부지는 여러 차례 유찰된 끝에 지금의 상황에 이르게 되었습니다.

지역 상권과의 상생, 그리고 우려되는 점

화동2571이 활성화될 경우, 중도를 찾는 관광객들이 이곳으로 집중되어 춘천 도심이나 다른 기존 상권으로의 확산을 저해할 수 있다는 우려도 제기됩니다. 이는 자칫하면 춘천 시민 전체보다는 특정 기업에게만 이익이 돌아가고, 춘천시 전체의 발전에 부정적인 영향을 미칠 가능성을 내포하고 있습니다.

 단순한 공간 제공만으로는 청년 창업을 성공으로 이끌기 어렵습니다. 기술과 지식 교류, 실질적인 지원이 가능한 환경이 훨씬 더 중요합니다. 미국의 실리콘밸리는 스탠포드 대학과, 보스턴 지역의 창업 생태계는 MIT와 하버드 대학과 긴밀하게 연계되어 발전했습니다. 이처럼 창업은 대개 대학 주변에서 시작될 때 유리한 측면이 많습니다

 이미 투자가 이루어진 이상, 과거를 되돌릴 수는 없습니다. 이제는 화동2571이 춘천 시민들에게 최대의 부가가치를 제공할 수 있도록 운영에 최선을 다하는 것이 중요합니다. 앞으로 이 공간이 지역 경제에 활력을 불어넣고, 청년들이 창업을 통해 성공을 거두며 춘천 발전에 기여하기를 기대합니다.

보는 호수에서 경험하는 호수로 / 4-10
춘천의 수상 스포츠가 나아갈 길

캐나다의 밴쿠버를 방문했을 때의 기억이 아직도 생생합니다. 그곳의 호숫가에서 단풍 든 산을 배경으로 젊은이들이 카누와 카약을 타며 물살을 가르는 모습은 마치 자연과 하나가 된 듯한 느낌을 주었습니다. 그들의 표정에서는 자연을 만끽하는 자유로움과 활기가 넘쳐 흘렀습니다. 바람에 실려 미끄러지듯 가볍게 물 위를 나는 듯한 모습이 눈에 선하게 떠오릅니다.

서울과 제주, 수상 스포츠가 삶이 된 풍경

서울 한강 뚝섬에도 윈드서핑을 즐길 수 있는 공간이 마련되어 있습니다. 저 역시 장비를 빌려 일주일 정도 윈드서핑을 배워보기도 했습니다. 하지만 아쉽게도 바람을 제대로 타고 자유롭게 물 위를 미끄러지는 짜릿함을 충분히 경험하지는 못했습니다. 뚝섬에서 오랫동안 일하시던 분의 이야기에 따르면, 한강 주변에 높이 솟은 빌딩들이 들어서면서 바람길이 막혀 바람의 세기가 약해졌기 때문이라고 합니다. 강 위에서 강한 바람을 타고 서핑을 즐기는 것이 점점 어려워지고 있지만, 윈드서핑 샵들은 여전히 성업 중입니다.

몇 년 전만 해도 한남대교와 반포대교 사이에 요트 몇 대가 정박해 있는 모습이 전부였습니다. 그러나 이후 반포지구에 요트 접안시설이 생기고 그 수가 늘어나면서 이제는 요트로 가득 찬 풍경을 볼 수 있게 되었습니다. 늘어난 요트들을 수용하기 위해 현재는 접안시설 확장 공사까지 진행 중입니다. 반포지구의 요트들이 만들어내는 그림 같은 풍경은 한강의 새로운 모습으로 자리 잡고 있습니다.

춘천의 호수가 품은 무한한 가능성

춘천은 소양호와 의암호와 같이 아름다운 호수들로 둘러싸여 있습니다. 하지만 현재 춘천의 호수는 관광 체험용 카누나 몇몇 모터보트 운영에 그칠 뿐, 도시가 가진 훌륭한 자연 자원을 충분히 활용하지 못하고 있습니다. 아마 가장 큰 걸림돌은 시민들이 자신의 장비를 가지고 원하는 때에 스포츠를 마음껏 즐길 수 있도록 하자는 인식이 부족했기 때문일 것입니다. 그 외에 장비가 주는 부담도 무시할 수 없겠지요.

수상 스포츠 역시 다른 스포츠와 마찬가지로 장비가 중요합니다.

윈드서핑이나 카약 장비는 생각보다 고가가 아니며, 다른 스포츠와 비교했을 때 크게 부담되지 않는 가격대를 형성하고 있습니다. 다만, 장비의 보관과 운반이 번거롭다는 점이 진입 장벽이 될 수 있습니다.

만약 춘천에서 수상 스포츠 장비를 쉽게 보관하고 관리할 수 있는 서비스가 민간과 협력하여 도입된다면, 많은 시민들이 스포츠를 즐기게 될 것입니다. 마치 자전거 길을 만든 후 자전거 이용이 활성화된 것처럼, 수상 스포츠를 즐기기 위해 춘천을 찾는 사람들도 자연스럽게 많아질 것입니다.

춘천만의 매력으로 승부하자

춘천이 전국에서 수상 스포츠를 즐기기 위한 최적의 도시로 자리 잡는 모습을 상상해 보십시오. 소양호에서 윈드서핑을 즐기는 사람들, 카약을 타는 가족들, 그리고 요트 위에서 여유롭게 풍경을 감상하는 관광객들. 이 모든 장면이 춘천이라는 도시의 매력을 한층 더 돋보이게 만들 것입니다. 이러한 변화는 춘천이 더욱 매력적인 도시로 발돋움하여 무수한 기업과 인재들을 유치하는 데에도 긍정적인 영향을 줄 것입니다. 뜻과 노력이 함께한다면, 춘천이 수상 스포츠와 함께 새롭게 도약하는 미래는 결코 멀지 않았다고 생각합니다.

하중도의 미래를 생각해 봅니다 / 4-11

춘천 하중도,
추억과 현재 그리고 미래

어린 시절, 강변에서 뛰어놀던 추억은 누구에게나 가슴 한편에 남아 있습니다. 북한강변에서 자란 저에게도 강은 최고의 놀이터이자, 따스한 위안을 주던 공간이었습니다. 온몸이 덜덜 떨릴 때까지 물놀이를 하고, 뜨거운 돌 위에 몸을 뉘여 몸을 녹이던 그 순간들은 잊을 수 없는 기억입니다. (덕분에 건강하고 까만 피부를 얻었지요)

추억 속의 위도와 중도

강 건너편에는 '고슴도치 섬'으로 불리기도 했던 위도가 있었습니다. 높다란 미루나무들이 병풍처럼 둘러선 넓은 풀밭이 있었고, 동네 수영 잘하는 형들은 위도까지 헤엄쳐 가는 도전을 하곤 했습니다. 사농

동에서 위도를 오가는 배가 다니며 서울과 춘천 시내의 소풍객들을 실어 나르던 낭만적인 시절도 있었습니다. 하지만 긴 세월이 흐른 지금, 개발이라는 이름 아래 위도는 완전히 변해버렸고, 그때의 정겨운 풍경은 이제 어디에서도 찾아볼 수 없게 되었습니다.

위도만큼 자주 찾지는 않았지만, 중도 역시 추억이 가득한 곳입니다. 야생 그대로의 위도와 달리, 중도는 '텔레토비 동산' 정원처럼 잘 정돈된 유원지였습니다. 자전거를 타는 사람들, 소풍 온 가족들, 젊은이들, 그리고 풍선과 솜사탕이 가득했던 시민들의 소중한 휴식처였죠.

과거로 완전히 돌려놓는 것이 정말 최선일까?

하지만 지금의 중도는 많이 달라졌습니다. 춘천대교가 놓이고 반듯하게 구획된 아스팔트 길이 생기면서 예전의 모습은 희미해졌습니다. 따뜻했던 기억 속 풍경과 비교하면, 지금은 왠지 모르게 을씨년스럽고 초라해 보입니다. 마치 개발의 화살을 잘못 맞아 상처를 입은 듯한 모습이죠.

이런 변화에 많은 분들이 예전의 중도를 되찾고 싶어합니다. 저 역시 마음 한구석에는 아름다웠던 추억에 대한 그리움이 있습니다. 그러나 한편으로는 이런 생각을 해봅니다. '과거로 완전히 되돌리는 것이 과연 최선일까?'

중도 정리 공사에 투입된 막대한 비용은 결국 도의 재정 부담으로 남아있습니다. 비합리적인 사업 과정에 대한 비판과 애꿎은 사람들에게 책임을 돌리는 질책이 이어지고 있지만, 현실을 외면한다고 해서 빚이 사라지는 것은 아닙니다. 오히려 머뭇거리는 사이 부담은 더욱 커지고 있습니다. 싫어도 선택을 해야 할 시점이 다가오고 있는 것입니다.

감정 대신 현실을 직시할 때입니다

과거의 아름다운 기억과 현실의 무거운 문제 사이에서 우리는 어떤 길을 택해야 할까요? 이제는 감정에만 휘둘려 과거를 그리워할 것이 아니라, 눈을 뜨고 현실을 직시해야 할 때입니다. 지금의 변화를 인정하고, 그 위에서 시민을 위한 최선의 발전 방향을 고민하는 것이 더 나은 미래로 나아가는 길일지도 모릅니다.

과거의 경험을 교훈 삼아 미래를 위한 새로운 선택을 하는 것, 그 선택은 결국 우리 모두의 몫입니다. 아무리 피곤해도 해야 할 일이 있듯, 춘천 하중도의 미래를 위한 현명한 선택을 해야 할 때입니다.

5

/

정광열의 1분 컷!

제가 올해 여름부터 제 개인 유튜브 계정을 열었습니다. 삼성전자 재직
시절이나 강원도청에서 근무하던 시절에도 저는 늘 카메라 뒤에 서
있던 사람이었습니다. 카메라 앞의 상황을 미리 기획하고 그 결과물을
평가하던 역할이었죠. 그러다가 카메라 앞에서 제 이야기도 하고
춘천시에 대한 고민과 질문, 그리고 우리의 내일에 대한 꿈도 펼쳐보며
춘천시민 분들과 소통하고 있습니다. 상상 이상의 조회수에 밤을 설치며
두근거리기도 했습니다.

그 중 <정광열의 1분 컷>을 소개드립니다. 춘천 구석구석을
누비며 현장에서 이렇게 외치고 있습니다. '지금까지 정광열의 1분
컷이었습니다' 제 유튜브 채널에서 다시 만나뵈었으면 합니다.

도시 발전은 긴 호흡으로 / 5-1

춘천 애니메이션 박물관에 와 보니 문득 최근에 흥미롭게 보았던 한 애니메이션 영화가 떠올랐습니다. 루비, 미라, 조이 세 명의 캐릭터가 등장해 악귀를 물리치는 〈케이팝데몬헌터즈〉인데, 이 작품은 무려 7년의 제작 기간 끝에 완성된 것이라고 들었습니다. 긴 세월 동안 처음의 드로잉과 마지막 장면을 비교해 보니, 작품의 완성도와 깊이가 얼마나 달라졌는지 뚜렷하게 보였습니다.

저는 그것이 우리 도시의 발전 과정과도 닮아 있다고 생각합니다. 거대한 도시를 변화시키고 성장시키는 일은 1~2년 안에 완성될 수 있는 일이 아닙니다. 정말 좋은 작품을 만들기 위해 오랜 시간과 노력이 필요하듯, 도시 발전 또한 긴 안목과 꾸준한 헌신이 필요합니다.

도시는 행정만으로 성장하지 않습니다. 시민의 뜻이 모이고, 사회단체와 함께 고민하고 한 방향으로 나아갈 때 진정한 성과를 이룰 수 있습니다. 애니메이션 한 편을 완성하기 위해 수많은 장인들이 함께 노력하는 것처럼, 도시의 미래 역시 모두의 참여 속에서 만들어집니다.

저는 믿습니다. 우리가 서로 힘을 합친다면, 한 편의 애니메이션보다 더 위대한 작품을 만들 수 있다고 말입니다. 그것이 바로 우리가 함께 만들어갈 춘천의 미래입니다.

5-2 / 춘천 신동 소나무밭에서

춘천 신동의 소나무밭을 찾아가 보았습니다. 지금은 온통 푸른 숲으로 덮여 있지만, 제 어린 기억에는 이런 모습이 아니었습니다. 나무에는 크고 작은 상처들이 남아 있었습니다. 어려웠던 시절, 사람들은 소나무 껍질을 벗겨 송진을 받아내고, 벗겨낸 껍질을 말려 식량으로 쓰기도 했다고 합니다. 그 시절 산은 황토색이었고, 헐벗은 풍경이었습니다.

그러나 우리는 그 황량한 산에 다시 푸른 비전을 심었습니다. 산림녹화라는 목표를 세우고 산꼭대기까지 묘목을 들고 올라가 심었습니다. 어린 나무를 살리기 위해 물을 날라 나르며 흙에 스며들게 했습니다. 그렇게 세월이 흘러 오늘의 울창한 숲이 된 것입니다.

저는 이 숲을 바라보며 자연과 인간이 함께 걸어갈 길을 다시 생각합니다. 춘천의 자연은 단순한 배경이 아니라 우리 모두의 자산입니다. 이 소중한 자산을 시민과 함께 지켜내고, 더 나은 환경으로 발전시켜야 합니다.

우리의 자손들이 앞으로도 이 춘천에서 자랑스럽게 살아갈 수 있기를 바랍니다. 자연과 도시가 조화를 이루며 사람과 환경이 함께 숨 쉬는 춘천, 그것이 우리가 함께 만들어가야 할 미래라고 믿습니다.

의암호, 함께 지켜야 할 우리의 보물
5-3

저는 최근 대한민국특수임무유공자회가 주관하고 시민들이 함께 참여한 의암호 수중·수변 정화 봉사활동 현장을 다녀왔습니다. 이분들은 매년 정기적으로 이 활동을 이어오고 계십니다. 저도 함께 참여하면서 놀라운 점을 발견했습니다. 단순히 플라스틱이나 캔 같은 쓰레기만 있는 줄 알았는데, 냉장고나 TV 같은 대형 가전제품까지 호수에서 건져내는 모습을 직접 볼 수 있었습니다.

그 장면을 보며 깨달았습니다. 지금의 규모와 방식만으로는 의암호를 온전히 깨끗하게 지키기는 어렵겠구나 하는 생각이 들었습니다. 우리의 자랑인 의암호를 지키려면 시민과 행정이 더욱 긴밀히 협력해야 합니다. 함께 노력할 때만이 수질을 되돌릴 수 있고, 그래야 의암호를 배경으로 문화와 스포츠, 관광 등 춘천이 새롭게 도약할 수 있는 계기를 마련할 수 있습니다.

열악한 환경 속에서도 묵묵히 헌신하는 봉사자분들의 노고 덕분에 춘천은 조금씩 더 깨끗하고 아름다운 도시로 나아가고 있습니다. 저 역시 춘천의 좋은 벗이 되어, 배우고 봉사하는 마음으로 늘 함께하겠습니다.

5-4 / 전통시장에서 얻은 배움

안녕하세요, 저는 지금 춘천 신북장에 와 있습니다. 여러 차례 방문해 보았지만 장을 본다는 것이 처음에는 조금 불편하다는 생각도 했습니다. 마트에서는 물건을 고르고 계산만 하면 끝이지만, 전통시장은 물건 값을 흥정해야 하고 번거롭다는 선입견이 있었기 때문입니다.

그런데 직접 와 보니 전혀 그렇지 않았습니다. 오히려 상인분들과 물건 하나하나에 대해 이야기를 나누면서 그 상품이 어디에서 왔는지, 올해는 어떤 것이 좋은지 등 마트에서는 알 수 없었던 살아 있는 정보를 얻을 수 있었습니다. 단순히 사고파는 거래가 아니라, 사람과 사람이 만나고 삶이 연결되는 경험이었습니다.

그래서 저는 이렇게 말씀드리고 싶습니다. 단순히 물건만 사려면 마트에 가도 좋습니다. 하지만 함께 살아가는 즐거움, 사람과의 교감, 삶의 온기를 사고 싶으시다면 꼭 신북장 같은 춘천의 전통시장을 찾아와 보시기를 권합니다.

여러분의 발걸음이 전통시장을 살리고, 더불어 우리 모두의 삶을 즐겁게 만드는 길이라고 저는 믿습니다.

5-5 춘천, 사람이 살고 싶은 도시로

    춘천은 바라보는 것만으로도 마음이 치유되는 아름다운 고향입니다. 그러나 40년 전, 불과 인구 10만 명 차이였던 춘천과 청주는 지금 '84만의 청주'와 '29만의 춘천'으로 큰 격차가 벌어졌습니다. 이 차이는 어디에서 비롯된 것일까요? 바로 주거환경입니다.

    주거환경은 단순히 집이나 건물을 뜻하는 것이 아닙니다. 춘천은 천혜의 자연을 가지고 있지만, 그 속에서 시민이 즐기며 살 수 있는 여건을 충분히 마련하지 못했습니다. 반면 청주는 이를 해냈습니다. 좋은 환경을 단지 관람용으로 두거나 관광객만을 위한 자산으로 남겨두는 것이 아니라, 청소년과 시민들이 직접 누릴 수 있는 삶의 기반으로 가꿨던 것입니다.

    도시의 진짜 경쟁력은 사람이 살고 싶은 환경에 있습니다. 기업인들이 춘천에 머물고 싶도록 만드는 것, 청소년들이 춘천에서 미래를 꿈꾸며 살아가고 싶도록 만드는 것, 그 핵심이 바로 문화와 체육, 그리고 휴식 공간입니다.

    저는 시민 여러분과 함께 고민하겠습니다. 춘천이 다시 사람이 모이고, 살고 싶은 도시가 되도록 새로운 성장의 길을 열어가겠습니다.